TUDO QUE É SAGRADO É PROFANADO

Uma introdução pagã ao Marxismo

Por Rhyd Wildermuth

Tradução por Thiago Sá

Edição e prefácio por Mirna Wabi-Sabi

TUDO QUE É SAGRADO É PROFANADO
Uma introdução pagão ao Marxismo

ISBN: 978-1-7325523-6-4

Diagramação, capa e publicação:
GODS&RADICALS PRESS

Varejo, atacado e exemplares de solidariedade disponíveis

Contate-nos em distro@abeautifulresistance.com

Visite nosso site:
ABEAUTIFULRESISTANCE.ORG

Sumário

Prefácio

Vivenciamos no Brasil um período sem precedentes e, ao mesmo tempo, terrivelmente familiar. Jovens militantes de hoje interagem com pessoas que eram jovens militantes nos anos 60 e aprendem que somos testemunhas do retorno de uma conhecida ditadura. Porém, ela vem em roupagem moderna e futurista, se inspira por trends e tem muitas gadgets. Mesmo ainda não sendo uma figura pública, a vemos se manifestar em forma de guerra, censura, moralismo odioso, interferência dos Estados Unidos, ações militares contra o povo, cortes e manipulação do setor de educação, pessoas influentes escapando para outros países ou sendo coagidas e ameaçadas, e assim por diante. Por outro lado, temos milhares de novos dispositivos e inovações tecnológicas que são usados a favor de indivíduos que não são nós, e só tomamos consciência deles depois que já causaram dano. Cada momento que passa, algo está acontecendo, influenciando-nos, causando dano ao mundo e às pessoas, e não conseguimos prevenir o dano porque estamos sempre um passo atrás.

Quem somos nós? Como nossas vidas sofrem do impacto causado pelos interesses de outros?

> *"[D]urante uma guerra, a repressão de revoltas de pessoas trabalhadoras dentro do país é vital para o sucesso da guerra fora do país."*
> *(Rhyd Wildermuth)*

Que guerra está acontecendo agora que explica a repressão que vemos hoje? O que explica Brexit na Inglaterra, a troca de poderes na Venezuela, e refugiados da Síria? O que explica as mudanças agudas do contexto político no Brasil? Há um constante movimento e mudança que nos afetam, e não somos nós que temos as rédeas nessa trajetória.

Podemos não ter completa consciência dos acontecimentos do campo político global. Também porque pessoas que têm as rédeas fazem de tudo para manter completo controle sobre o que sabemos e deixamos de saber, com o intuito de permanecer em suas posições de poder. Mas Bolsonaro ganhou, houve táticas de manipulação da população nunca vistas antes. O ódio ao Marxismo cultural e ao "comunismo" toma o psiquê de uma quantidade avassaladora da população. Gostaria de acreditar que a ruptura moderna da classe trabalhadora pode ser mitigada pela desmistificação destes conceitos densos: Marxismo, Comunismo e Capitalismo.

Não há necessidade alguma de ser ou deixar de ser uma coisa ou outra para se interessar pelo assunto. Afinal, o mundo está em chamas, o planeta se deteriora a cada minuto, todos os seres vivos sofrem, e é no mínimo interessante tentar entender como chegamos aqui e pensar no que fazer agora.

Eu não sou Marxista, identifico-me como anarquista, e me faz muito feliz pertencer a uma organização que consegue unir diversas ideologias, crenças e perspectivas — a Gods and Radicals. Rhyd, um dos fundadores da organização e autor deste livro, é Marxista e faz um trabalho maravilhoso mostrando o lugar que o Capitalismo toma em nossas vidas. Este livro, mesmo sendo um curso sobre Marxismo Pagão, não é simplesmente sobre Marxismo. Ele é sobre a consciência do mundo em que vivemos e sobre como esta realidade infelizmente não deixa de ser Capitalista. O Marxismo é apenas uma ferramenta que podemos usar para analisar a fundo a trajetória que a humanidade tem tomado.

"Tudo que é sagrado é profanado" é o quinto livro do Rhyd Wildermuth, e vem de um curso que ele deu pela Gods and Radicals. Rhyd tem o dom magnífico de ser didático sem insultar a inteligência de quem lê. Ele é capaz de, ao mesmo tempo, introduzir conceitos de forma acessível para quem nunca leu sobre Marxismo, Capitalismo ou Paganismo, e de apresentar perspectivas inovadoras e provocativas à aqueles que já estudaram a fundo todos esses assuntos.

Essa tradução, cuidadosamente desenvolvida por Thiago e apoiada pelo nosso "time brasileiro" da "Deuses e Radicais", é um marco para todos e todas nós. É o nosso primeiro livro em português (BR) e representa nossa construção minuciosa de uma rede de apoio internacional diversa. Gostaríamos de convidar vocês para fazer parte dela.

Obrigada pelo apoio
e continue sendo resistência.

Mirna Wabi-Sabi
Niterói, RJ
Outubro, 2019

Nota de tradução

Preservar a natureza não-binária de termos como "workers" e "capitalists" foi um desafio, já que "os trabalhadores" e "os capitalistas" introduzem um recorte de gênero. Fizemos o melhor que podíamos para evitar a universalização do masculino. (Por exemplo: chamamos trabalhadores de pessoas e capitalistas de indivíduos.)

"Profanado" ou "Profano?"

Versões diferentes da tradução existem em outras publicações — "era sagrado" e "é sagrado". Gramaticalmente, "profano" refere-se a uma qualidade dada à algo ("é profano"), enquanto "profanado" aponta para um processo pelo qual aquilo passa ("foi profanado"). O livro visa enfatizar o processo, e há até um capítulo inteiro sobre "A Narrativa do Processo" em contraste à "Narrativa do Progresso". O "é profano", mesmo sendo correto, não enfatiza a transformação e sim a existência simultânea das duas coisas (que são uma só), "o sagrado" e "o profano". A ênfase que queremos dar é na constante reinvenção por trás do estado de ser. O profanado é transformado em profano, portanto, é parte de um processo que pode ser interrompido.

Capítulo Um: Introdução ao capitalismo

Neste capítulo você encontra uma visão geral do que é o capitalismo e como ele funciona como um sistema social, econômico, político, histórico e de classes. Você também será apresentado a alguns conceitos básicos do marxismo e a uma pequena introdução do próprio Karl Marx.

O que é capitalismo?

Vamos começar com uma definição bastante simplificada:

Capitalismo é uma maneira de organizar a sociedade de forma que um pequeno grupo de pessoas é proprietário da maior parte dos recursos, e o resto da população precisa trabalhar para esses proprietários para ter acesso aos recursos de sua sobrevivência.

Contidas nessa afirmação bastante simples, porém, estão diversas questões sem respostas:

- Por que as sociedades precisam ser organizadas?
- Quem as está organizando?
- Por que um pequeno grupo pessoas deveria ser proprietário de tudo?
- O que significa ser proprietário de algo?
- O que trabalhar para outra pessoa realmente significa?
- Por que o resto da população trabalha para esse pequeno grupo de pessoas?
- Por que sua sobrevivência depende de seu trabalho para esse pequeno grupo?
- Quem decidiu tudo isso, afinal de contas?

Nós chamamos o capitalismo de um sistema econômico, mas como você pode ver a partir dessa pequena lista de perguntas, ele não lida apenas com a troca de mercadorias e serviços. Além disso, dificilmente é um sistema neutro: escrito em seus próprios fundamentos está a desigualdade política e social, e sem essa desigualdade ele não poderia funcionar propriamente.

Capitalismo: Uma relação social

Algo importante de se lembrar ao longo deste material é que sistemas econômicos não são **sistemas meramente isolados**: eles não podem ser separados dos aspectos da sociedade humana. Na realidade, uma premissa fundamental do marxismo é que a economia é uma **relação social**, e relações sociais determinam tanto como interagimos entre si quanto como vemos nós mesmos.

A maneira mais fácil de entender esse conceito é pensar na sua própria relação com seu chefe. Não apenas a chefia, mas a pessoa que assina seus cheques- a pessoa que paga você. Mesmo que vocês se dêem bem, você vai sempre interagir com ela diferentemente de como você interagiria com um amigo, um vizinho, um desconhecido ou um membro da família, porque ela tem poder sobre sua capacidade de pagar o aluguel e de comprar comida neste mês.

Você responderia com mais honestidade a amigas e amigos que lhe perguntam como você está se sentindo, ou expressaria mais franqueza com um vizinho cuja música está alta demais à noite; mas dizer ao seu chefe honestamente que você gostaria de receber um salário melhor ou que você se atrasou porque tinha bebido demais na noite anterior pode causar a sua demissão. E a demissão não significa apenas perder o emprego: pode significar também perder seu teto.

Se você não tem um chefe tradicional e trabalha na verdade para uma grande corporação com gerentes e um departamento de recursos humanos, considere como você se relaciona com seus gerentes. Novamente, mesmo que vocês se dêem bem, sempre vai existir a sensação de não poder ser realmente você perto dessas pessoas, porque elas têm o poder de determinar se você mantém ou não o seu emprego.

Em ambos os casos, o poder que um gerente ou chefe tem é de poder demitir você. E, a menos que você tenha dinheiro guardado, ser demitido de um emprego é realmente terrível, porque se você não tem trabalho você não tem dinheiro, e se você não tem dinheiro você não pode comprar comida, pagar o aluguel ou as contas; você não pode fazer muito em uma sociedade capitalista.

Esse é apenas um exemplo de como relações sociais são determinadas por sistemas econômicos. Uma vez que sua capacidade de viver a vida que você quer viver (e mesmo simplesmente sobreviver) é atada ao seu emprego, as maneiras como você pode se relacionar com seu chefe ou gerente são limitadas. Você pode se afirmar ou defender sua dignidade apenas até certo ponto antes do risco de ficar sem emprego, e portanto suas interações (suas relações sociais) são constantemente determinadas, limitadas e modeladas por essa realidade econômica.

Capitalismo: uma relação política

Das questões que listei sobre o capitalismo, você deve ter percebido que várias delas são políticas. Por exemplo, "Por que as sociedades precisam ser organizadas?" e "Quem decidiu tudo isso, afinal de contas?"

Outra premissa fundamental do Marxismo é a de que o capitalismo é uma **relação política**. De fato, o título da obra mais famosa de Karl Marx é Das Kapital: Kritik der politischen Oekonomie ("O Capital: Crítica da Economia Política"). Relações políticas significam todas as questões de poder e governança que determinam como nos relacionamos uns com os outros (e, assim como nas relações sociais, quais relações entre nós não são permitidas).

Aqui estão alguns exemplos reais de como o sistema econômico do capitalismo é também um sistema político:

- Trabalhadores de uma fábrica começam uma greve depois que um colega de trabalho perde um braço em uma das máquinas após trabalhar 12 horas sem parar. Eles decidem bloquear a entrada da fábrica até que seu chefe aceite fazer uma reunião, mas a polícia aparece e os prende.
- Um grupo ativista de uma comunidade cria um jardim comunitário e constrói um pequeno acampamento para moradores de rua com uma cozinha simples em um lote vazio. Ainda que o lote estivesse desocupado por dez anos, e que eles tenham feito um grande trabalho para limpar o local, o dono da terra pede a um juiz que os retire de lá. O juiz concorda e também aplica uma multa ao grupo por invasão de propriedade.
- Uma família idosa já não pode pagar as contas da casa onde vive desde que se casaram, 60 anos atrás. A prefeitura emite uma ordem de despejo e vende a casa para um especulador, que a demole e constrói um prédio.
- Um casal hipster patenteia um remédio popular antigo e amplamente conhecido, e então processa quem tenta continuar produzindo-o... e ganha o processo.
- Os líderes de um pequeno país da África tentam proteger pequenos fazendeiros na competição internacional banindo importações de milho e trigo transgênicos. A Organização Mundial do Comércio intervém, colocando multas tão grandes que o país entraria em colapso se os líderes não aceitassem os produtos banidos.
- Famílias de baixa renda notam um cheiro ruim na água encanada e acreditam que tem relação com com a extração local de petróleo. Um homem filma a si mesmo abrindo a torneira e acendendo um isqueiro ao lado da água, que pega fogo. A empresa de petróleo processa o YouTube para forçar o vídeo fora do ar... e vence o processo.

Como você pode ver, a partir desses exemplos, muito mais do que simplesmente compras e vendas acontecem para sustentar o sistema capitalista. A polícia, o tribunal de justiça, organizações internacionais de comércio e os próprios governos são um aspecto importante do domínio capitalista. A teoria marxista não é apenas uma crítica a chefes e pessoas ricas, mas também ao Estado que apoia esse domínio.

Capitalismo: um sistema de classes

Vamos observar novamente a definição simplificada do capitalismo que eu ofereci:

> *Capitalismo é uma maneira de organizar a sociedade de forma que um pequeno grupo de pessoas é proprietário da maior parte dos recursos, e o resto da população precisa trabalhar para esses proprietários para ter acesso aos recursos de sua sobrevivência.*

Você notará que há dois grupos de pessoas nessa definição: o grupo que "é proprietário da maior parte dos recursos," e o grupo que "precisa trabalhar para esses proprietários." Esses grupos são chamados "classes," e no marxismo as duas classes principais são os capitalistas (a burguesia) e os trabalhadores (o proletariado). Iremos nos aprofundar nesses conceitos mais adiante, mas por agora é muito importante entender o que eu quero dizer quando falo de cada classe.

Primeiro, a **classe burguesa ou capitalista**. A palavra "burguesia" em francês significa literalmente "habitante de uma cidade", mas em um contexto marxista ela é usada para descrever as pessoas realmente engajadas na exploração capitalista (chefes, proprietários, gerentes, especuladores, CEO's etc.). Portanto, mesmo que você trabalhe com construção e seja uma pessoa conservadora e de direita, que acredita que o capitalismo é o melhor para todos, você não é realmente um(a) capitalista.

Trabalhadores ou proletários são a outra classe principal. A palavra significa literalmente "produtores de descendentes", mas em termos marxistas ela se refere àqueles que precisam ganhar um salário para sobreviver. Portanto, a pessoa conservadora e de direita que eu tinha mencionado é parte do proletariado, assim como eu, você e provavelmente quase todo mundo que você conhece.

Você provavelmente está se perguntando sobre uma terceira classe que eu não mencionei, a **"classe média"**. Não é realmente uma classe sobre a qual Marx falou, porque no século XIX ela não existia. Ela na verdade ainda não existe, ou pelo menos não no sentido em que nos ensinaram a acreditar nos EUA ou na Europa.[1]

Pense no que fomos persuadidos a acreditar sobre a classe média. O que realmente a faz diferente de outros trabalhadores? Nada, na verdade, especialmente quando você compara a renda da classe média com a dos capitalistas em geral. Trabalhadores de classe média ainda precisam trabalhar para sobreviver (apesar de que o que eles precisam para "sobreviver" é menos do que a maioria acredita), e não estão ficando ricos através do trabalho de outras pessoas, como capitalistas fazem.

Assim, **pessoas da classe média são simplesmente membros mais bem pagos do proletariado**, com uma diferença. Normalmente eles são bem pagos porque compartilham os valores da classe capitalista e ficam do lado dos capitalistas quando há conflitos de interesse com outros trabalhadores. Em essência, eles agem como um "amortecedor" entre os pobres e os ricos.

Marxistas vêem o conflito entre essas duas classes principais (capitalistas e trabalhadores) como a tensão que define as sociedades capitalistas. Enquanto outros conflitos certamente existem (religiosos, étnicos, políticos etc.), classe é a

1. De maneira similar, no Brasil. No entanto, aqui, com uma desigualdade social mais acentuada, a dita classe média é menor.

única tensão que deriva de uma base material (o que você tem e o que você não tem) e não de divisões artificiais baseadas em crenças, alianças ou construções sociais como nacionalidade ou raça.

Classe perpassa todas as outras divisões da humanidade. Considere: uma mulher pode ser uma trabalhadora sexual sem teto ou executiva em um banco. Um mexicano pode ser um trabalhador imigrante rural ou o dono de uma empresa de serviços de limpeza. Uma pessoa transgênera ou queer pode ser atendente de bar, esforçando-se para pagar o aluguel, ou chefe de um pequeno império de mídia.

No entanto, você não pode ser capitalista e parte do proletariado ao mesmo tempo. No momento em que uma pessoa rica perde todo o seu dinheiro e passa a trabalhar para outras pessoas para sobreviver, ela mudou de classe, e o mesmo vale para alguém que cresceu pobre e que depois abriu uma companhia que emprega centenas de pessoas.

Enquanto que algumas pessoas são mais propensas a serem capitalistas (brancos, homens, heterossexuais etc.) e outras a serem proletárias (negros, mulheres, indígenas etc.), classe é um conflito que existe dentro de todos os grupos (algo de quc vamos falar em mais detalhes no capítulo quatro).

Capitalismo: um sistema histórico

Muitas pessoas, especialmente no EUA[2], têm dificuldade de imaginar que já existiu uma época sem capitalismo. Há muitas razões para isso, incluindo décadas de propaganda anti-comunista nas escolas e na mídia e a simples dificuldade de imaginar o passado em geral.

2. A América Latina inteira foi uma zona de influência dos EUA nesse aspecto. A maioria dos governos militares e ditaduras que se iniciaram a partir dos anos 60 na América do Sul, incluída a do Brasil, teve apoio (e, em muitos casos, participação financeira) dos Estados Unidos, e todas justificavam-se como uma defesa à "ameaça comunista". O mesmo ocorreu na América Central alguns anos mais tarde.

Mas é verdade. Existiu uma época antes do capitalismo, e considerando toda a história da humanidade, não foi há muito tempo atrás. Dependendo de como você considera seu início, o capitalismo começou entre o século XVI e o século XVII: quando as nações europeias saíram de um sistema chamado Feudalismo. No capítulo três vamos falar mais sobre essa transição, mas para nossos propósitos agora é importante desmistificar algumas inverdades que provavelmente ensinaram a você:

• Em primeiro lugar, **capitalismo e mercado não são a mesma coisa**. Até onde sabemos, as pessoas sempre fizeram trocas entre si, normalmente (mas não sempre) usando algum tipo de moeda comum como símbolo para o que estava sendo trocado.

Mas o capitalismo não é simplesmente mercados e trocas: é um sistema político, social e econômico em que a **única maneira** para que a maioria das pessoas no mundo participem de trocas é trabalhando para outras pessoas.

• O próximo ponto é relacionado a esse último. Ainda que sempre houve momentos em que as pessoas poderiam decidir trabalhar para outras, **no capitalismo, a maioria das pessoas (com exceção dos capitalistas) não tem outra escolha senão trabalhar para outras pessoas**. Não significa que seja necessariamente escravidão – quase ninguém vai trabalhar com uma arma apontada para sua cabeça. Mas isso é parte do poder do capitalismo, porque, diferentemente da escravidão ou do feudalismo, os ricos já não precisam usar violência direta para nos obrigar a trabalhar para eles. Em vez disso, através de diversos processos históricos, os capitalistas conseguiram convencer as pessoas para não precisarem de armas.

- E o último ponto que precisamos deixar claro: **o capitalismo não surgiu simplesmente do nada.** Não foi um "processo natural", nem é um sistema que naturalmente surge. Sem intervenção direta, força constante, violentas repressões de revoltas e rebeliões e propaganda contínua de políticos e mídia, o capitalismo não seria capaz de continuar. A prova disso, bastante óbvia, é a quantidade de dinheiro que os capitalistas gastam para garantir que você gaste dinheiro em seus novos produtos, e a quantidade de dinheiro que os políticos gastam para prender e encarcerar aqueles que desobedecem a leis relacionadas à propriedade privada.

Capitalismo: um sistema econômico

Até agora vimos como o capitalismo é um sistema de relações políticas, sociais e de classe, e tocamos brevemente no seu lugar na história, mas ainda não olhamos realmente para o capitalismo como um sistema econômico.

Em primeiro lugar, o que queremos dizer com economia? O sentido clássico de economia a define como "o ramo do conhecimento preocupado com a produção, o consumo e a transferência de riquezas", e portanto um sistema econômico seria as maneiras como produção, consumo e transferência de riquezas ocorrem.

Antes de olhar para a economia do capitalismo, vamos dividir essa definição em suas três partes (produção, consumo e transferência de riquezas) para ter certeza de que entendemos o que cada uma significa.

- **Produção:** um cozinheiro prepara uma refeição, um trabalhador têxtil costura tecidos para fazer camisetas, um trabalhador imigrante colhe tomates e o funcionário de uma creche cuida de crianças enquanto os pais dela estão no trabalho: esses são todos tipos de produção. Mesmo que não haja nenhum produto físico sendo produzido, alguma coisa é criada para ser consumida por alguém.

- **Consumo:** Um consumidor come uma refeição em um restaurante, ou compra uma camiseta, ou come uma batata... basicamente, as pessoas consomem o que outras produziram.

- **Transferência de riquezas:** O que é riqueza? Bem, na sociedade moderna, pensamos em riqueza como dinheiro.

Mas dinheiro é apenas uma representação da riqueza: você pode ter um milhão de reais, mas se ninguém aceitar seu dinheiro e se não houver nada para comprar, você só tem um bolo de papel ou alguns números em um computador. Riqueza, portanto, é tanto os recursos que você possui (terras, dinheiro, mercadorias) quanto sua capacidade de conseguir coisas com essa riqueza (inclusive mais riqueza). É o que a "transferência" de riquezas significa: como essa riqueza move-se entre as pessoas.

Agora – esses são todos conceitos gerais de qualquer sistema econômico, mas como eles funcionam no capitalismo?

- **Produção capitalista:** Uma cozinheira prepara uma refeição no restaurante onde trabalha. Os ingredientes ou a cozinha em si não são dela; tudo isso pertence ao proprietário do restaurante, que paga a cozinheira para trabalhar lá. Da mesma forma, a mulher que costura camisetas não é dona da fábrica onde trabalha, nem do tecido e nem das máquinas de costura que usa. O mesmo com o programador que cria aplicativos para uma empresa de mídias sociais, com o trabalhador imigrante que colhe tomates em um grande latifúndio e com o funcionário da creche. Ainda que todas essas pessoas produzam coisas, elas não são donas daquilo que produziram ou dos lugares onde trabalham (os **"meios de produção"**). Não apenas isso, mas essas pessoas tampouco têm o direito de vender diretamente para os consumidores o que produziram.

- **Consumo capitalista:** Quando você compra um aplicativo para seu telefone ou uma refeição em um restaurante, a quem você paga? Você não paga à pessoa que produziu essas coisas; em vez disso, você paga ao dono ou a uma companhia. O mesmo acontece com tomates e camisetas: você os compra em uma loja que os havia comprado de um distribuidor, que por sua vez os havia comprado do fazendeiro ou da companhia de camisetas. No capitalismo, seu consumo é distanciado da real produção das coisas que você consome.

- **Transferência capitalista de riquezas:** No capitalismo, a riqueza é transferida para cima (dos trabalhadores para os capitalistas) através de vendas e de aluguéis, e transferida para baixo através de salários (e, até certo grau, impostos). Mas esse nunca é um movimento igualitário: mais riqueza é sempre transferida para cima do que para baixo, e portanto os ricos ficam mais ricos e os pobres mais pobres. Isso acontece porque na produção capitalista os meios de produção são propriedade dos capitalistas, e os valores dos salários, aluguéis e itens consumidos também são controlados por eles. Nem o consumidor nem o produtor tem qualquer poder significativo ou qualquer relação real; existe sempre um intermediário, o capitalista.

A visão marxista do capitalismo vs. outras visões

Agora que já olhamos para os múltiplos aspectos do capitalismo, aqui está uma resposta mais detalhada do que a que eu havia oferecido no início do capítulo.

> *Capitalismo é um sistema político, social e econômico em que os meios de produção, consumo e troca são controlados por e de propriedade de uma classe minoritária de pessoas, enquanto a classe majoritária de pessoas trabalha para essa minoria para ganhar acesso à riqueza através de salários.*

3. O dicionário Michaelis oferece em português uma definição um pouco mais equilibrada, já que ao menos inclui ambas as classes e seu antagonismo: "Organização econômica em que as atividades de produção e distribuição, obedecendo aos princípios da propriedade privada, da competição livre e do lucro, produzem uma divisão da sociedade em duas classes antagônicas, porém vinculadas pelo mecanismo do mercado: a dos possuidores dos meios de produção e a do proletariado industrial e rural."

Essa definição do capitalismo é a definição marxista.

Mas aqui está uma outra definição, mais simpática ao capitalismo, do dicionário de Inglês Cambridge[3]:

> *Um sistema social, político e econômico em que a propriedade, os negócios e as indústrias são privados e direcionados com o fim de garantir o máximo possível de lucro para pessoas e organizações de sucesso.*

Você percebe que essa definição também afirma que o capitalismo é um sistema político e social, além de econômico. Esse fato não é discutido, mesmo entre os mais ardentes apoiadores do capitalismo. A definição afirma também que "a propriedade, os negócios e as indústrias são privados", o que condiz com a definição marxista. E mais um ponto: nenhum marxista tampouco discordaria de que esses meios de produção são "direcionados com o fim de garantir o máximo possível de lucro".

Aqui vai outra definição, de um dicionário de investimentos:

> *Capitalismo é um sistema social e econômico em que os meios de produção – chamados de capital – são propriedade privada de seus participantes. A competição de livre mercado, e não um governo centralizado ou um órgão regulador, dita os níveis de produção e os preços.*

Note que essa definição exclui a palavra "político", apesar de aceitar, no entanto, que o capitalismo não é apenas um sistema econômico, mas também social.

Em ambas as definições,[4] você deve ter notado que a palavra "privada" aparece. Propriedade privada é um aspecto crucial do capitalismo, o qual também está incluído em nossa definição simplificada ("controlados por e de propriedade de uma classe minoritária de pessoas..."). Todas

4. O mesmo vale para a definição de um dicionário em português, oferecida na Nota 3.

essas definições estão de acordo entre si sobre os fatos básicos do capitalismo. Mas se elas são tão similares em conteúdo, porque parecem tão diferentes?

A razão para essa diferença é **quem está incluído** na definição. Dedique um momento para reler as definições do dicionário inglês Cambridge e do dicionário de investimento e pergunte-se: "onde eu me encaixo nessa definição?"

Na verdade, você não se encaixa. Ambas as definições – e, de fato, quase todas as definições não-marxistas – do capitalismo descrevem **o que é o capitalismo do ponto de vista dos capitalistas.** Os "participantes" que detêm a propriedade dos meios de produção na definição do dicionário de investimentos são a classe capitalista, e nenhuma palavra é usada para descrever o que é o capitalismo para os que não são "participantes". O mesmo acontece com a definição do dicionário Cambridge: "propriedade, os negócios e as indústrias são privados", mas de posse de quem?

A diferença central entre a definição marxista e as outras é que a estrutura marxista questiona: "mas e as pessoas trabalhadoras? São, afinal de contas, quem realmente produzem e consomem..." Definições não-marxistas do capitalismo excluem todo mundo, com exceção de proprietários das mercadorias e da produção, e especificamente porque proprietários são quem de fato controlam tudo.

Trabalhadores, por outro lado, funcionam como engrenagens invisíveis e substituíveis na máquina que os capitalistas controlam, da mesma forma como todas as pessoas que trabalham em indústrias e que constroem um carro ou um celular são invisíveis quando você compra esses produtos, mas a companhia (Ford, Apple) que os "criou" não é.

A ideia perigosa de Marx

Nós passamos as primeiras 3700 palavras desse capítulo discutindo sobre o capitalismo a partir de uma perspectiva marxista, mas ainda não falamos muito sobre o marxismo, aparte algumas ideias centrais. Para reiterar, aprendemos até agora que o marxismo:

- insiste que relações econômicas também são sociais, e relações sociais determinam tanto como interagimos entre si quanto como nos vemos.
- insiste que o capitalismo é uma relação política, apoiada e mantida por instituições políticas.
- vê o conflito entre essas duas classes principais (capitalistas e trabalhadores) como a tensão que define as sociedades capitalistas.
- insiste que o capitalismo emergiu de processos históricos e pode ser localizado na história (em vez de ser visto como eterno ou primário).
- questiona "mas e as pessoas?" nas definições do capitalismo.

Se você foi criada ou criado (como eu fui) nos Estados Unidos[5] para temer as ideias de Marx ou para se preocupar com o Comunismo conquistando a América, essas ideias agora não parecem tão assustadoras quanto o que a mídia, as escolas, os pastores e os políticos lhe contaram.

Essa diferença, aliás, não é apenas pelo fato de que a propaganda anti-marxista estava errada, já que nós ainda não falamos da parte mais perigosa do marxismo. Marx e outras pessoas que vieram depois não apenas criticaram o capitalismo – ofereceram uma sugestão sobre o que fazer.

Essa é a parte perigosa.

Marx e outros argumentam que, **se são as pessoas trabalhadoras que estão na verdade fazendo toda a produção e o consumo, então são elas que deveriam decidir como a produção e o consumo são feitos e quanto deveriam ganhar por seu trabalho.**

5. O mesmo parece estar acontecendo recentemente no Brasil, principalmente após a vitória de Lula nas eleições de 2003, quando o PT foi erroneamente identificado como "comunista".

Essa ideia simples foi o que causou múltiplas revoluções, guerras, espancamentos, assassinatos, bombardeios, encarceramentos, censura e muitos outros atos de violência nos últimos 200 anos, tanto por aqueles que tentavam colocar em prática as ideias de Marx quanto por aqueles que tentavam assegurar-se de que essas ideias nunca seriam realizadas.

Karl Marx: O Alquimista

Aqui precisamos esclarecer algo mais. Karl Marx não foi de forma alguma a primeira pessoa a criticar o capitalismo ou oferecer uma alternativa. Desde o primeiro instante em que fábricas começaram a se espalhar pela Europa, e com a primeira remoção de territórios durante os Cercamentos,[6] pessoas têm resistido ao capitalismo. Na verdade, quando Karl Marx e Friedrich Engels escreveram *O Manifesto Comunista*, em 1848, já haviam acontecido milhares de revoltas, greves, protestos e resistência organizada contra esse novo sistema.

O que Marx realmente foi a primeira pessoa a fazer, no entanto, foi conectar tudo que estava acontecendo pela Europa (e também em terras colonizadas fora da Europa) – toda a exploração política e econômica e as assombrosas mudanças sociais – em uma narrativa que ninguém havia sido capaz de vislumbrar anteriormente.

Marx não era um economista de formação (na realidade, ainda não existiam economistas de formação!). Ele era um filósofo e um jornalista (trabalhando para um jornal dos Estados Unidos, aliás) que havia estudado direito e história. Foi esse conhecimento diverso, como também suas experiências de vida, que o levaram a um entendimento da maneira como o capitalismo funcionava em todo o mundo. E ainda que tenha sido um ateu, seus escritos têm uma linguagem

6. Período no início da Era Moderna em que as terras coletivas, de uso comum, foram privatizadas ou estatizadas pelas monarquias europeias.

esotérica, quase alquímica. Em seus escritos, ele fala da "cristalização" do valor, e cita o trabalho como se fosse uma força mágica de transmutação.

Até onde se sabe, Marx não foi um alquimista, e sem dúvidas seu ateísmo faz com que seja bastante improvável que ele possa ter considerado o ocultismo como algo sério. No entanto, o que Marx atingiu é a própria alquimia: combinar ideias e processos aparentemente diferentes e opostos em uma narrativa poderosa que ainda "assombra", como diz a abertura do Manifesto Comunista.

É minha opinião, no entanto, que Karl Marx deve ser estudado como se estudam os trabalhos de magos da renascença ou grimórios antigos. Conforme nos aprofundarmos no que o capitalismo é, como funciona, quais são seus efeitos, e também no que o marxismo propõe, tente aproximar-se dessas ideias não apenas com a parte "intelectual" do seu entendimento, mas também com as partes mais emotivas e mágicas do seu ser. Apesar de tudo, essa é uma "Introdução pagã ao marxismo" – não apenas porque eu sou pagão, mas também porque há conexões profundas entre os horrores do capitalismo e o "desencantamento do mundo" que o paganismo enfrenta.

Questões e leituras complementares

1. Como a definição do capitalismo oferecida no começo do capítulo difere da que você escutou antes?

2. Frequentemente ouvimos comentários sobre os "que têm" e os "que não têm". Como isso se encaixa nessa definição? Você sente que dividir a sociedade em dois grupos como esses é necessariamente correto?

3. Como você se sente ao considerar que há limites causados pelo capitalismo para suas relações com as pessoas? Você consegue pensar em outros exemplos?

4. Cada um dos exemplos sobre como o capitalismo é também um sistema político foram eventos que realmente ocorreram (e ainda ocorrem). Nós normalmente somos ensinados a pensar no governo, na polícia e no sistema judiciário como forças que protegem nossos direitos, mas nos exemplos utilizados os "direitos" sendo protegidos são os interesses dos capitalistas. Como isso muda seu entendimento atual sobre o funcionamento de governos?

5. Em muitos países anglófonos, a maioria das pessoas tende a pensar em si mesmas como "classe média", independentemente de ganharem 200 mil dólares por ano ou 20 mil. Da mesma forma, políticos e a mídia lamentam o "encolhimento da classe média."[7] Como a visão marxista de classe muda a maneira como você enxerga sua própria situação financeira? Você sente que tem mais em comum com pessoas mais pobres que você ou com pessoas mais ricas que você?

7) De maneira inversamente proporcional, os governos passados do PT transformaram o fenômeno do "crescimento da classe média" em uma propaganda positiva para seus projetos sociais. Além de ser um fenômeno discutível, muito mais relacionado ao acesso a linhas de crédito e não a um aumento real da distribuição de riquezas, este capítulo também nos mostra que um crescimento da classe média não resolve as tensões inerentes à relação entre trabalhadores e capitalistas.

6. Pensar no capitalismo inserido na história é um processo difícil. Muitas vezes escutamos que "é assim agora porque sempre foi assim". Por que isso acontece? E quais são as ligações entre pensar no capitalismo como "sempre foi assim" e nossas ideias sobre o que é natural?

7. Uma crítica feita à economia em geral e ao marxismo em particular é que a teoria econômica parece reduzir a vida a produção, consumo e troca. Pelo que você leu até agora, você acha que isso é verdade?

8. Nos exemplos de produção, consumo e troca, ter descrito a maneira como esses processos ocorrem no capitalismo tira o foco dos atos em si em direção às pessoas envolvidas. Da próxima vez que você comprar ou consumir algo, tente imaginar as pessoas envolvidas na sua produção. Isso muda seus sentimentos com relação ao item comprado? E como imaginar essas pessoas pode se relacionar com o animismo (a ideia de que tudo tem vida)?

9. Com relação à pergunta anterior, considere como a marca de um item (por exemplo, um celular ou o seu par de tênis) se relaciona com a maneira como você experiencia esse item. Se você tem um iPhone, por exemplo, é mais fácil pensar nas pessoas que o montaram ou na Apple? Poderia haver uma dimensão esotérica ou oculta nas marcas?

10. Especialmente nos Estados Unidos, quando as pessoas pensam em Marx ou em comunismo, elas normalmente os associam a Stalin e à União Soviética. Tente escrever todas as impressões negativas que você tem sobre comunismo; depois, ao longo da semana, tente localizar de onde vêm essas ideias. Quantas dessas ideias vêm de experiências reais com comunistas ou marxistas? O quão certo você está de que essas impressões são verdadeiras? E como você conseguiria descobrir se elas são verdadeiras ou não?

Leituras complementares

A maioria dos textos está em inglês, mas tentamos oferecer versões traduzidas quando existem. Todos os textos podem ser encontrados no link: spfr.noblogs.org/sagradoeprofanado

Leve (menos de dez minutos):

- Uma descrição curiosa de Karl Marx. Leia a investigação de um detetive sobre sua casa:
  "Karl Marx Was the Original Dirtbag Leftist" por Micah Uetricht *(@muetricht), medium.com (07/10/2017)*
- Um conto de fadas que escrevi sobre o capitalismo e feitiçaria:
  "The disEnchanted kingdom" por Rhyd Wildermuth, *abeautifulresistance.org (25/08/2015)*

Moderada (por volta de 15 minutos):

- "As raízes de nossa resistência", um ensaio que escrevi para o site Gods & Radicals:
  "The Roots of Our Resistance" por Rhyd Wildermuth, *abeautifulresistance.org (29/05/2015)*

Intensiva (textos mais longos, mais densos ou com linguagem mais complexa):

- Introdução & Primeiro Capítulo de "O Manifesto Comunista" por Karl Marx e Friedrich Engels, *www.marxists.org/portugues/marx/ (1848)*

Capítulo Dois: O básico do capitalismo

Neste capítulo vamos analisar o que é o capitalismo e como funciona. Também vamos examinar classe e conflito de classes, particularmente como capitalistas trabalham juntos como uma classe para seus próprios interesses. E vamos explorar um pouco como o governo (o "Estado") se encaixa no capitalismo.

Capital, produção, trabalho e salário

Para que serve um proprietário, afinal de contas?

Quando você vai a um restaurante muita coisa acontece nos bastidores da refeição que você tem na sua mesa. Ajudantes de cozinha preparam os ingredientes mais cedo no dia, cozinheiros fazem o preparo da refeição em si e a servem em pratos, garçons recebem seu pedido e trazem a comida, ajudantes de serviço limpam sua mesa e lavadores de prato fazem toda a louça que foi usada (e normalmente limpam o restaurante no fim da noite).

O que o dono do restaurante faz? Bem, ele organiza o financeiro, faz a publicidade, paga as contas, contrata os trabalhadores, paga os salários de acordo com seus contratos e no fim do dia leva para casa o lucro.

Por que o dono do restaurante leva para casa o lucro? Bem, porque ele é o dono.

Por que ele é o dono, no entanto? Bom, em primeiro lugar porque ele tinha dinheiro. É preciso muito dinheiro para abrir um restaurante, comprar todo o equipamento, alugar o local, colocar mesas e cadeiras e então comprar os ingredientes iniciais que serão usados para preparar a comida.

Portanto, o fato de que o dono do restaurante começou com dinheiro é o que lhe permite ganhar mais dinheiro. E o fato de que os trabalhadores do restaurante não começaram com dinheiro é que faz com que precisem trabalhar para o dono do restaurante.

Isso é *capitalismo*.

Mas e se os próprios trabalhadores fossem donos do restaurante? E se eles decidissem como cada um é pago, gerenciassem o restaurante juntos, estipulassem as condições de trabalho e os preços? E se eles compartilhassem entre si o lucro gerado no final do dia?

Isso seria *comunismo*.

Capital e os meios de produção

Quando uma pessoa tem uma grande soma de dinheiro e a utiliza para começar um negócio, chamamos este dinheiro de **Capital**. E o negócio que essa pessoa gerencia? Nós o chamamos de **meios de produção**. E quando essa pessoa contrata outras para trabalhar no seu negócio? Então nós a chamamos de **capitalista**.

Um **capitalista**, portanto, é alguém que usou seu **capital** para adquirir **meios de produção** e passa a contratar pessoas para **produzirem** para ele. O fato dele trabalhar também ou não no negócio (muitos donos de restaurante o fazem) é irrelevante: o ponto chave para ser definido como capitalista é pagar outras pessoas para trabalharem seu capital por você. E no capitalismo, a melhor (e na realidade a única) maneira de fazer capital é já ter capital.

Vamos olhar para os conceitos que introduzi neste parágrafo um pouco mais de perto. Primeiro vou oferecer uma definição curta de cada um, e então darei mais exemplos de como eles funcionam. Como mencionado no capítulo anterior, é uma boa ideia abordar esses conceitos não apenas com seu entendimento intelectual, mas também com maneiras mais mágicas e emotivas de entendimento.

Capital é dinheiro que é utilizado para fazer mais dinheiro. No momento em que estou escrevendo isto, tenho $85,20 na minha conta bancária. Essa quantia não é capital, porque eu não a estou utilizando para fazer mais dinheiro. Se, no entanto, eu usasse esse dinheiro para comprar uma mesa, alguns limões e açúcar com o propósito de fazer limonada e vender, esse dinheiro torna-se capital.

Então, **capital é uma categoria de riqueza**, não riqueza em si mesma. É o que é feito com essa riqueza que a transforma em capital ou não. É um pouco como a diferença entre compras e refeições, ou plantas e legumes. Refeição é o que foi feito as compras que você fez, legumes são uma categoria de plantas que são consumidas de uma determinada maneira.

Os **meios de produção** são todos os recursos necessários para produzir coisas. Exemplos de meios de produção: fábricas, lojas, restaurantes, oficinas, escritórios e salões de cabeleireiros, mas também ferramentas, impressoras, copiadores, cozinhas, computadores, agulhas de tricô e linhas, e quaisquer outros implementos de que você possa precisar para fazer algo.

Quando marxistas falam de meios de produção, normalmente também estão falando dos sistemas maiores que possibilitam, além da produção, a troca: por exemplo, provedores de internet, redes de logística e distribuição, sites de e-comércio, e até mesmo processadores de cartões de crédito e bancos são meios de produção.

O que é **produção**, então? É **toda a atividade que humanos empreendem para fazer coisas que são usadas ou trocadas entre si.** Quando eu preparo minha janta, estou realizando uma produção, assim como quando escrevo este material para que você o leia. Produção é o que criamos, são nossos atos de criação. Sem meios de produção, o que podemos criar é limitado. Sem este computador não posso criar a apostila que você lê; sem um forno, não posso fazer a janta.

Um exemplo básico

Vamos agora olhar para como capital e meios de produção funcionam juntos.

Uma família tem um pequeno pedaço de terra. Ela trabalha a terra por si mesma, e não contrata ninguém para ajudá-la. Esta não é uma família capitalista, mesmo que venda o extra que produz.

Na verdade, esse é o modo básico de atividade econômica que a maioria das classes baixas (camponeses, servos etc.) empreendeu desde o nascimento da própria agricultura. As pessoas cultivavam e produziam o que necessitavam, e então trocavam qualquer coisa extra (a **"produção excedente"**) com outros por qualquer outra coisa de que precisassem.

Como em um restaurante, essa fazenda (e todo o equipamento de cultivo, sementes etc.) é um meio de produção. A família que é dona dessas terras, portanto, tem acesso a seus próprios meios de produção. Pode produzir coisas em seus próprios termos, pode decidir o que fazer com o que produz, pode determinar o que fazer com o dinheiro que ganha vendendo o que sobra (sua produção excedente). Portanto, ela não tem apenas acesso aos meios de produção, ela controla sua própria produção.

Agora, digamos que essa família contrata alguém para trabalhar na fazenda por ela. Digamos que o nome dessa pessoa é Juan, porque nos Estados Unidos a grande maioria de trabalhadores em fazendas é de trabalhadores migrantes do México ou de outros países que não possuem riquezas próprias. A família paga Juan um salário para que ele faça uma parte ou todo o trabalho por ela: regar as plantações, eliminar as ervas daninhas e colher os legumes quando estão maduros. Juan agora está fazendo a produção pela família, e quando todos os vegetais e frutas forem colhidos, a família vende o que sobra e dá algum dinheiro a Juan.

Essa família? Ela agora é *capitalista*. Sua fazenda, que é também um meio de produção, agora é também seu capital. Ela a usa (e usa Juan) para fazer dinheiro vendendo toda a produção que Juan cultivou para ela e que ela mesma não come (a produção excedente de Juan).

Essa família é capaz de fazer isso porque Juan não tem sua própria fazenda. Juan é pobre e quer comer assim como todo mundo, então ele trabalha para a família em troca de dinheiro, que usa para comprar comida e outras coisas de que precisa.

Qual é exatamente a diferença entre essa família e o trabalhador que ela contrata? É bastante provável que o trabalhador saiba sobre cultivo de hortaliças tanto quanto – e talvez até mais do que – os donos da fazenda. Cultivar é bastante trabalhoso, e Juan e outras pessoas trabalhadoras estão fazendo a maior parte (ou tudo). Então por que Juan tem que trabalhar para a família, e não o contrário?

Porque a família é dona da terra, e Juan não. Essa terra é **capital**, e a fazenda são os **meios de produção** de comida. Quando Juan trabalha para o fazendeiro, ele está produzindo comida para esse fazendeiro, mas não está produzindo comida para si mesmo.

Trabalho

Quando Juan produz para os proprietários da fazenda, nós chamamos a essa atividade de **Trabalho**. Assim como "capital" é uma categoria funcional de riqueza (no que está sendo usada), trabalho é uma categoria de atividades. É o **trabalho** que, quando aplicado sobre algo, lhe adiciona valor. Não é exagero dizer que trabalho é uma atividade dotada de um poder transformativo mágico, e um fundamento crucial do marxismo é do que somos "alienados" de nosso trabalho (o que vamos discutir mais para frente).

Uma maneira simples de pensar sobre trabalho é assim: considere o que acontece quando uma oleira pega um pedaço de argila e a molda em um vaso de cerâmica. Sem sua técnica, atenção, habilidade artística, e educação e experiência anteriores, a argila bruta continuaria sendo argila bruta e nunca se tornaria um vaso. Também, o quanto outras pessoas vão apreciar um vaso (o quanto vão valorizá-lo) é mais do que o quanto se valorizaria um pedaço de argila.

Todos os usos possíveis de um vaso, as sensações provocadas pelo seu design e cores, as inspirações que ele pode gerar em um arranjo floral – esse valor só foi possível através do trabalho da oleira.

O mesmo processo que ocorre quando uma oleira transforma argila em um vaso é o que acontece o tempo todo – é o que seres humanos fazem. O chefe de cozinha que prepara uma refeição a partir de ingredientes crus usou seu trabalho para criar a refeição, assim como o lavador de pratos que no fim da noite usa seu trabalho para transformar pratos sujos em pratos limpos.

Quando aplicamos nosso trabalho em alguma coisa, nós a mudamos, nós a moldamos, criamos outras coisas e geralmente adicionamos "valor" e significado ao mundo.

Esse poder transformativo do trabalho é do que os capitalistas precisam para transformar seu capital em mais capital. Uma mulher rica pode construir um restaurante, decorá-lo lindamente, fazer publicidade por toda parte e comprar os ingredientes de melhor qualidade do mundo, mas enquanto não tiver pessoas para trabalhar no restaurante ela não poderá ganhar dinheiro. Um homem rico pode ter cem hectares de floresta, mas enquanto não tiver trabalho para cortar todas as árvores e transformá-las em papel higiênico para seu negócio, ele não poderá ganhar dinheiro com as árvores.

Capítulo Dois

Capital e trabalho morto

Trabalho é a magia que anima a produção capitalista, o fantasma na máquina ou o espírito no golem. E ainda que pareça estranho falar disso em termos mágicos, estamos seguindo um exemplo colocado pelo próprio Marx. Considere a seguinte citação de Marx:

> *O capital é trabalho morto, o qual, como um vampiro, vive apenas para sugar o trabalho vivo, e quanto mais sobreviver, mais trabalho sugará.*

Essa citação do *Capital* (volume 1) é de uma seção em que Marx fala sobre o que ele chama de "Composição Orgânica do Capital". Ainda que toda a sua teoria seja mais complexa do que o espaço que temos neste material, a citação sobre trabalho morto e vampiros já explica bem a ideia.

Se um capitalista aplica trabalho para transformar seu capital em mais capital, então deduz-se facilmente que o capital que ele ganha é derivado do trabalho de outros. Mas e quanto ao capital com o qual ele começa? Bem, quase sempre foi criado através de trabalho também.

Vamos rever o exemplo do restaurante. Quando uma pessoa abre um restaurante, normalmente contrata pessoas para transformar um espaço vazio em algo mais apropriado para seu negócio. Então, pedreiros vêm e derrubam paredes, instalam azulejos e pias e fornos nas cozinhas, pintam as paredes, constroem um bar e fazem muitas outras coisas para construir um restaurante. Tudo isso é **trabalho**, que então **cria mais capital** (o restaurante), que funciona como um lugar de produção de comida. E, claro, toda a madeira e ladrilhos e ferros que os pedreiros usam e instalam vieram de algum outro lugar – de outras pessoas trabalhadoras, empregadas por outros capitalistas, normalmente em fábricas que também foram construídas com trabalho.

Mas e quanto à proprietária do restaurante? De onde conseguiu o dinheiro para fazer tudo isso? Cada caso é diferentes, mas provavelmente ela nasceu com algum grau de riqueza ou teve acesso a maneiras de ter mais (por meio de empréstimos). Se ela nasceu com riqueza, seus pais provavelmente fizeram sua fortuna com trabalho (e normalmente não o seu próprio!). Se ela pegou um empréstimo para abrir seu negócio, o banco recebeu esse dinheiro de pessoas que o tinham por meio de trabalho.

O importante de se lembrar aqui é que todo capital deriva de trabalho humano em algum ponto. Seja o capital que corporações usam hoje em dia (*parte dele advindo de trabalho escravo de centenas de anos atrás*) ou a limonada que uma criança vende em um quiosque (*alguém teve que colher esses limões*), trabalho humano foi envolvido em algum lugar. Mesmo produtos feitos completamente por robôs são produzidos com trabalho humano, porque humanos estiveram envolvidos na construção desses robôs. Não há capital sem trabalho humano.

Valor e a alienação do trabalho

Como havia dito antes, trabalho é realmente a magia que anima o capitalismo, a composição orgânica de tudo que o capitalismo faz. Como uma espécie de magia humana que transforma o mundo, nosso poder de trabalho é uma parte integral de nossa existência.

É como criamos coisas de "valor". Mas como estamos todos vivendo em sociedades capitalistas, nossa ideia de valor é dominada pela lógica do mercado – o que pode ser comprado e vendido, e por quanto.

Digamos que eu te convide para um jantar (e se um dia você vier a Rennes, será bem-vindo e bem-vinda!). Eu faço as compras – legumes da feira, temperos e ervas do meu jardim, pão fresco de uma padaria e talvez vinho ou cidra. Então, combino esses ingredientes, cozinho alguns deles, lavo e corto outros, aqueço o pão no forno e coloco tudo em pratos quando você chega. Nós então comemos juntos e temos uma ótima noite conversando.

Eu criei algo de "valor" para você com meu trabalho, mas obviamente não estou cobrando dinheiro por isso. Na realidade, nós não pensamos em dinheiro e simplesmente nos divertimos.

Esse prazer é o que se quer dizer com valor, o que costumava significar valor antes do capitalismo dominar nossas vidas. Agora, valor é o que pensamos que os itens têm: quanto um jantar em um restaurante custa é seu "valor" no lugar da experiência em si.

Bem, o trabalho que eu uso para criar a refeição (e todo trabalho para produzir a comida, em primeiro lugar) foi o que lhe deu valor. Eu sou um ótimo cozinheiro, e acho que cozinhar tem muito a ver com magia. (Se pensamos no trabalho como um tipo de magia humana, então não estou enganado!)

Se eu estivesse fazendo tudo isso em um restaurante, e você fosse apenas um cliente e eu estivesse sendo pago para cozinhar para você, não teria o mesmo tipo de prazer ao cozinhar a refeição. De fato, cozinhar seria muito menos "mágico" e muito mais como um emprego.

A maneira como a sensação de magia humana escoa de nosso trabalho nessas situações é parte do que Marx chamou de **"Alienação do trabalho"**. Nosso trabalho, em tais circunstâncias, não parece mais ser nosso. De certa forma, ele realmente não é – nós o vendemos a nossos empregadores em troca de um salário.

E as coisas que criamos para nossos chefes e que têm valor? Não são nossas para compartilhar com outras pessoas—elas agora pertencem ao capitalista, que pode vendê-las para seu lucro.

Vamos falar da Alienação do Trabalho novamente mais tarde, pois a ideia é um pouco mais complexa que isso. Uma coisa para se ter em mente agora é que essa alienação não significa apenas que nos sentimos separados de nosso trabalho quando o vendemos. Também significa que nós esquecemos completamente que nosso trabalho era uma parte de nós em primeiro lugar, e esquecemos que o que compramos de outras pessoas também é produto de trabalho.

Salário e Trabalho

O capitalista precisa de trabalho para funcionar, para fazer mais capital. Sem trabalho, o capitalista não pode fazer nada com seu capital. Mas qual motivo uma pessoa trabalhadora tem para vender seu trabalho a um capitalista? Um capitalista ganha mais dinheiro através da troca, mas o que essa pessoa ganha?

Ela ganha um salário, e com esse salário é como se alimenta. Sem um salário, não pode se alimentar, então a escolha é bem óbvia: trabalhar ou morrer de fome.

Quando vou trabalhar para alguém, oferecem-me um salário em troca de meu trabalho. Um capitalista precisa de trabalho para ganhar mais capital (lucro), e já que hoje em dia a escravidão é ilegal na maior parte do mundo, em geral o único meio legal para que ele consiga trabalho é pagando um salário.

Há duas maneiras de olhar para salários. A primeira, que é a maneira não marxista mais comum, é considerar o salário como dinheiro que os capitalistas pagam aos trabalhadores em troca do trabalho que fazem. Nessa visão, salário é apenas mais um "custo" que proprietários precisam pagar, similar a contas de luz e aluguel.

Na visão marxista, **salário é o preço que proprietários pagam para comprar trabalho**.

O quanto um capitalista vai pagar a uma pessoa pelo seu trabalho é determinado por muitos fatores, incluindo a oferta de trabalho disponível, a demanda pelo trabalho e influências governamentais na forma de legislação sobre o salário mínimo. Vamos olhar separadamente para cada fator, mas primeiro precisamos ter em mente que existe uma regra rígida principal que estipula o limite máximo do preço que um capitalista vai pagar por trabalho: **um capitalista sempre**

paga a um trabalhador menos do que o valor criado com seu trabalho.

Para entender esse limite, vamos fazer algumas contas.

• Digamos que um homem comece um pequeno estúdio de cerâmica e contrata uma oleira para fazer vasos para ele. A oleira faz 30 vasos por mês, e o proprietário vende cada um por $100. Portanto, todo mês ele ganha $3.000 nas vendas de seus vasos.

• Agora, digamos que o custo mensal para manter o estúdio funcionando (eletricidade, equipamento, aluguel, seguro, argila, esmalte e todos os outros elementos da produção) seja de $1.000. Assim, o proprietário fica com $2.000 todo mês após pagar as despesas.

• Claro, há mais um custo que ainda não mencionamos: a própria oleira. A escravidão não é legalizada, então o proprietário precisa pagar-lhe um salário também. Ele tem $2.000 de sobra – quanto vai pagar?

• A resposta é sempre **menos** que $2.000. Porque se ele lhe pagasse todo o seu lucro, não ganharia nada.

Mas lembre-se: não é ele que faz os vasos, e sim a oleira. Assim, mesmo que o proprietário lhe pague $1.999 e fique apenas com $1, ele extraiu lucro com seu capital (o estúdio em si) do trabalho dela. Nenhum capitalista decente pagaria a um trabalhador uma participação tão alta dos lucros, no entanto. O salário da oleira seria provavelmente apenas $1000, e o proprietário embolsaria o resto.

No capitalismo, isso é considerado completamente normal e "justo", porque o estúdio é do proprietário apesar de tudo, e a oleira apenas trabalha lá.

Os $1000 que o proprietário paga à oleira é chamado **salário**. É o preço que ele paga pelo trabalho de sua empregada, e ele precisa desse trabalho porque não pode ou não quer fazer os vasos por si só. A oleira, por outro lado, não tem seu próprio estúdio; portanto, precisa vender seu trabalho ao proprietário para conseguir ganhar para viver.

Salários e trabalho alienado

O conflito principal do capitalismo - o mecanismo central do Conflito de Classes - vem do fato de que um patrão e um funcionário têm interesses em competição. **Um trabalhador sempre quer receber o máximo de recompensa possível por seu trabalho, enquanto um capitalista sempre quer fazer o máximo possível de lucro com seu capital.**

Tomemos o exemplo da oleira novamente. Ela faz vasos lindos, realmente gosta de trabalhar com isso e sente-se realizada quando está criando. É tudo o que sempre quis fazer desde que fez aulas de cerâmica na escola, e quando conseguiu esse trabalho no estúdio de cerâmica ela se sentiu bastante entusiasmada.

Há um problema. O trabalho não paga suas contas de fato. Só o seu aluguel é de $600 por mês, e o que sobra é apenas suficiente para pagar o resto das contas. Ela acaba precisando comer um monte de sanduíches de manteiga de amendoim[8] e macarrão instantâneo só para fazer o restante durar até receber no próximo mês. Ocasionalmente a oleira pede ao seu patrão por um aumento, mas ele apenas suspira entristecido e responde que não há dinheiro suficiente no momento.

Quando um dia o proprietário deixa seu caderno contábil acidentalmente sobre uma mesa e ela descobre quanto ele está ganhando, sente até mesmo dor no estômago. O patrão está ganhando tanto quanto a oleira, mas é ela que está fazendo todo o trabalho...

Agora, vamos olhar para a situação da perspectiva do proprietário. Digamos que o estúdio é sua única forma de renda. Ele também está ganhando $1000 por mês, e está constantemente preocupado com a possibilidade de ter um

8. Um tipo de lanche rápido, barato e nutritivo, típico dos Estados Unidos. Porém, está incompleto sem geléia.

mau mês de vendas e ganhar ainda menos. Além disso, foi seu investimento, em primeiro lugar, que construiu o estúdio.

Nos dias em que ela pede um aumento, o proprietário diz para si mesmo que é ele que está tomando todos os riscos: a única coisa que a oleira precisa fazer é ir trabalhar, fazer vasos e pegar seu pagamento.

Há uma chance de que esses dois cenários soem equilibrados. Eu propositalmente os escrevi dessa maneira para que parecessem assim, porque essa é a maneira como nos são apresentados na narrativa do capitalismo. De fato, cada proprietário de pequena empresa para quem trabalhei (e eu trabalhei em muitos restaurantes antes de me tornar escritor) foi rápido em apontar quanto se arriscava, o quão incerto era o clima dos negócios, quão pouco dinheiro sobrava. Algumas vezes eles diziam a verdade, na maioria das vezes eles mentiam, mas suas respostas iniciais sempre foram "não".

Proprietários desejam manter os salários o mais baixo possível enquanto ainda tenham pessoas trabalhando para si, e trabalhadores querem o máximo de dinheiro possível pelo trabalho que estão realizando.

Felizmente para o proprietário (e infelizmente para nós), há uma série de mecanismos externos (como o Estado) que favorece o capitalista em conflitos como esse. Vamos analisá-los na próxima seção, mas há um detalhe principal que está sempre a favor dos capitalistas que não tem nada a ver com política ou legislação.

O que é? Nossa alienação de nosso trabalho. **Sem alienação do trabalho, o equilíbrio de poder pende para o lado do trabalhador.**

Se no cenário do estúdio de cerâmica a oleira pedisse demissão, o proprietário não perderia apenas um empregado, ele perderia seu capital (lembre-se: as vendas do fruto do trabalho da oleira não estão pagando apenas seu salário e o sustento do proprietário, mas também o próprio aluguel do estúdio). O proprietário tem mais a perder do que a oleira em qualquer conflito, e certamente se ela ameaçasse pedir demissão ele aceitaria suas demandas.

Todas as negociações que tive com proprietários de restaurante aconteceram da mesma forma. Como eu sabia que sem meu trabalho o proprietário do restaurante não poderia continuar ganhando dinheiro, eu era capaz de sincronizar minhas demandas no início de uma noite movimentada (como Dia dos Namorados, por exemplo) e ameaçava pedir demissão se o proprietário não as aceitasse. Diante da possibilidade de perder o trabalho necessário para lucrar, o proprietário concordava com meu aumento solicitado.

Capitalistas dependem de nosso sentimento de desconexão com nosso próprio poder de trabalho. Quando não enxergamos a conexão entre o trabalho que realizamos para eles e sua necessidade de nosso trabalho para lucrar, os capitalistas podem manter desvalorizados nossos salários.

Mas isso não quer dizer que a culpa de salários baixos é apenas dos trabalhadores. Muito mais colabora com nossa alienação do trabalho além de nosso próprio reconhecimento, incluindo a manipulação dos capitalistas sobre o "mercado de trabalho". Épocas de grande desemprego, por exemplo, tornam mais fácil para os capitalistas de encontrar trabalhadores para substituir aqueles que demandam salários maiores, enquanto também aumentam os riscos dos trabalhadores que fazem tais demandas.

Mas também há meios mais violentos que os capitalistas usam para manter os salários baixos...

Capitalistas e o Estado

Capitalismo não é apenas um sistema econômico; ele é também político. Legislação, tribunais, juízes, polícia, prisões, as forças armadas e outras partes do Estado desempenham todos um papel no capitalismo, e quase toda a influência do Estado favorece os capitalistas, não as pessoas trabalhadoras.

Voltemos para o Juan, que está fazendo todo o trabalho na fazenda. Se Juan decide que quer um melhor pagamento e o proprietário da fazenda responde "não", uma opção que Juan tem é de abandonar a fazenda durante a época de colheita. Toda a safra apodreceria e os proprietários não lucrariam nada nesse ano.

Mas há um problema. Juan não pode simplesmente deixar a fazenda, pois é um imigrante ilegal. Se ele vai embora, tem medo de que os proprietários o denunciem para o Serviço de Imigração, que o procurariam, o prenderiam e o deportariam de volta para o México. Em realidade o risco de deportação é tão severo que ele provavelmente nunca vai nem ao menos tentar pedir um aumento, nem tampouco reclamar quando o proprietário da fazenda lhe pagar menos do que havia prometido.

E quanto à oleira? Lembre-se de que ela realmente ama trabalhar com cerâmica... Era o sonho de sua vida. Como o dono não lhe concede um aumento, ela pensa em voltar ao estúdio tarde da noite para fazer vasos para si mesma, que pode então vender e ficar com o lucro inteiramente para si. A oleira procura inclusive ser o mais honesta possível e compra sua própria argila, assim ela não está roubando.

Mas uma noite seu patrão a encontra, percebe que seus clientes podem terminar comprando diretamente com ela e força a oleira a assinar um contrato de não-competição para poder continuar trabalhando para ele.

Em ambos os casos, o capitalista tem acesso a um meio político externo para ter vantagem sobre seus empregados. Mas que possibilidades têm as pessoas trabalhadoras? Não muitas, ao menos vindas do Estado. Um trabalhador sem carteira assinada (especialmente nos Estados Unidos) não pode simplesmente denunciar um proprietário de fazenda que não lhe pagou seu salário. Da mesma forma, a oleira não pode pedir ao governo que obrigue seu patrão a lhe dar um aumento.

Ainda que muitos governos tenham leis que protegem os trabalhadores de certos abusos de patrões, elas normalmente não são nada comparadas às leis que protegem os próprios patrões. Mesmo em países com uma forte legislação trabalhista (como a França), quando trabalhadores fazem demandas revolucionárias aos patrões, o governo normalmente envia a polícia e as forças armadas para proteger os patrões, não as pessoas trabalhadoras.

Se lhe parece que o Estado e os capitalistas conspiram juntos contra os trabalhadores, você está começando a pensar como Marx pensou. No entanto, isso vai contra um dos principais argumentos a favor do capitalismo, oferecidos por seus mais fortes defensores: "neoliberais", libertários de direita e conservadores. Todos esses grupos vêem o governo como um inimigo potencial ao livre mercado e a atividades capitalistas, e afirmam que quanto menos um governo interfere na atividade econômica da população, mais livres serão as pessoas (essa ideia é frequentemente chamada de economia "laissez-faire", que significa "deixe que aconteça" em francês).

Trabalho e o Estado

Neste ponto você deve estar se perguntando: e quanto a proteções trabalhistas garantidas pelo governo? Se você está nos Estados Unidos[9], por exemplo, deve estar pensando no salário mínimo ou a legislação que os governos locais, estaduais e federais colocam em prática para garantir que um patrão não possa forçar você a trabalhar sem pagamento ou pausas. Isso não significa que o governo também está do lado dos trabalhadores?

A resposta é que o governo pode às vezes estar do lado dos trabalhadores... mas apenas quando ele é forçado. Enquanto escrevo este material, a França está passando por

9. Os exemplos citados também valem para o Brasil.

uma de suas maiores greves na história do setor de transportes.[10] Há congestionamentos de até 400 quilômetros nas entradas de Paris, estações de trem estão tão lotadas que as pessoas estão caindo sobre os trilhos e os aeroportos estão completamente paralisados. Tudo isso está acontecendo porque o governo de Emmanuel Macron tenta afrouxar as proteções que trabalhadores do setor de transportes possuem. Tais proteções foram colocadas em prática décadas atrás através de greves similares e outras pressões exercidas pelos trabalhadores.

O mesmo é válido para os Estados Unidos: a jornada de 40 horas semanais, leis de salário mínimo e proteções governamentais para trabalhadores não surgiram simplesmente porque os governos decidiram aprová-las. **Eles foram forçados a colocá-las em prática com pressão de trabalhadores organizados.**

Quando pessoas trabalhadoras se organizam juntas para iniciar uma greve (ou até para votar em bloco em uma eleição), elas estão agindo coletivamente como classe. É isso que significa consciência de classe: o reconhecimento de interesses em comum entre trabalhadores como um grupo e, ao mesmo tempo, a realização que seus interesses são opostos aos dos capitalistas.

Capitalistas competem, capitalistas conspiram

Capitalistas também têm consciência de classe. Ou seja, eles normalmente agem juntos para suprimir proteções trabalhistas ainda que estejam normalmente competindo entre si.

Capitalistas geralmente não gostam de restrições governamentais de suas atividades, e argumentam que tais restrições dificultam seus negócios. Em geral, eles estão corretos. Regulamentações como salário mínimo, pagamento de horas extra, licença maternidade, e protocolos de saúde e segurança aumentam os custos com que um capi-

10. A paralisação ocorreu em abril de 2018.

talista deve arcar para comprar trabalho de seus empregados.

Se a oleira de que falamos antes ficasse grávida, e se as leis do país em que vive obrigasse seu empregador a lhe pagar por diversos meses enquanto ela dá a luz e cuida de seu bebê, isso significa que o patrão do estúdio de cerâmica não apenas perderia dinheiro enquanto a oleira não está trabalhando mas também precisaria encontrar alguém para substituí-la temporariamente, pois caso contrário sua produção seria completamente interrompida.

Leis que garantem um salário mínimo, da mesma forma, dificultam os negócios de um capitalista. Lembre-se: uma pessoa capitalista quer sempre pagar o mínimo possível por trabalho, enquanto uma pessoa trabalhadora quer ganhar o máximo possível por seu trabalho.

Já observamos que há um máximo absoluto que chefes estão dispostos a pagar por trabalho: eles nunca vão pagar quantia total do que ganham pelo trabalho de um empregado, pois caso contrário não haveria lucro. Mas sem pressão externa (de trabalhadores agindo juntos como uma classe ou de pressões governamentais colocadas em prática por meio das demandas de pessoas trabalhadoras), nenhum patrão tem um limite mínimo a não ser o que a pessoa está disposta a aceitar.

Podemos observar melhor esse problema na situação de Juan. Já que ele é um trabalhador sem documentação e, portanto, não é protegido por leis que garantem um salário mínimo, e como Juan está aterrorizado com a possibilidade de ser encarcerado por estar no país ilegalmente, não há muito, com exceção do próprio Juan, que impeça o proprietário da fazenda de não lhe pagar nada.

Se um dia o patrão diz a Juan "Até o fim do ano não vou mais lhe pagar nada, e se você tentar ir embora vou chamar a Polícia de Imigração", Juan realmente não tem boas opções para si. Se for embora, será preso. Se ficar, precisará trabalhar de graça.

Isso, aliás, é **escravidão**, e vamos analisá-la com mais profundidade quando estudarmos a história do capitalismo. Por hora, é apenas importante ter em mente que **as escolhas de uma pessoa trabalhadora são, em última análise, determinadas pelos proprietários, e quando proprietários agem como uma classe, essas escolhas são ainda mais limitadas.**

Mesmo que Juan pudesse ir para outra fazenda, é provável que o proprietário lá lhe desse o mesmo ultimato. Por quê? Porque se um capitalista consegue, sem repercussões, não pagar seus trabalhadores, então ele terá mais lucros que todos os outros capitalistas. O proprietário de uma fazenda cujo custo de trabalho é zero pode vender seus produtos mais barato e ainda ter o mesmo (ou mais) lucro.

Como as pessoas preferem comprar produtos mais baratos, elas comprariam desse produtor, tornando-o mais bem-sucedido, e outros produtores menos.

Assim, mesmo que capitalistas estejam competindo entre si, eles agem juntos como uma classe para manter os salários o mais baixos possível ao responder às ações uns dos outros. Um outro exemplo é como, nos EUA, grandes redes de supermercados e lojas de departamento, como Walmart e Target, forçam seus empregados a chegar cada vez mais cedo no Dia de Ação de Graças[11] todos os anos. Já que essas duas redes competem entre si, quando uma delas decide abrir ao meio dia no feriado, a outra faz a mesma coisa.

Elas não respondem apenas às ações umas das outras, no entanto. **Capitalistas também se organizam juntos em seus próprios interesses mútuos.** Donos de fazendas, novamente, são um ótimo exemplo—eles formam alianças políticas[12] (lobbies grupos setoriais) para demandar ao governo o direito de definir por si mesmos o valor do trabalho rural.

11. Situações similares acontecem no Brasil na época do Natal, especialmente em shopping centers.

Pode parecer inicialmente surpreendente, mas grupos da indústria rural (incluindo proprietários de processadores alimentícios, abatedouros e setores similares), junto com donos de hotéis e restaurantes, são o maior grupo político argumentando contra a procura, encarceramento e deportação de imigrantes sem documentação ("ilegais"). A razão para isso é simples: todas essas indústrias dependem do trabalho abaixo do salário mínimo para garantir seus lucros. Sem um suprimento constante de trabalhadores sem documentação, eles teriam que pagar melhores salários e, portanto, ter menos lucros. Mas, ao mesmo tempo, eles nunca defendem completamente a liberdade de imigração, porque sem algum nível de medo de que o governo os deportem, imigrantes sem documentação poderiam demandar salários mais altos.

Essas são algumas das maneiras como capitalistas manipulam o mercado de trabalho e mantêm salários baixos para os trabalhadores, garantindo uma provisão constante e presente de trabalho. E é importante ter em mente que, ainda que existam muitos capitalistas que são bondosos e socialmente conscientes, uma vez que eles dependem de trabalho e precisam competir com outros capitalistas para conseguir lucro, acabam contribuindo para o mesmo tipo de manipulação independente de sua moralidade.

Muitos dos proprietários de restaurantes para quem trabalhei eram pessoas gentis e atenciosas em tudo que faziam... menos na folha de pagamento. Não porque eles queriam me ver precisando de outro emprego ao mesmo tempo ou não poder ir ao médico por falta de dinheiro, mas porque seu lucro estava em jogo.

12. No Brasil, basta pensar nas famosas "bancadas" que compõem nosso congresso e representam diretamente os interesses de certos setores de capitalistas: a bancada ruralista, a bancada da bala etc. Outros setores, ainda que não tenham seus próprios representantes políticos tão claramente definidos, ainda assim agem em conjunto: um exemplo é a FIESP.

Questões e leituras complementares

1. Este capítulo introduz um monte de conceitos econômicos que talvez não fossem familiares para você. Ou você talvez tenha ouvido falar desses conceitos mas não os compreendia da mesma maneira. Para cada um dos seguintes conceitos, tente defini-lo com suas próprias palavras:
    a. Capital
    b. Produção
    c. Trabalho
    d. Valor
    e. Salário
2. Capital e Trabalho são ambos categorias funcionais de outras coisas (riqueza e esforço). Como essa categorização funcional se relaciona com a maneira como tendemos a considerar certos aspectos da prática mágica? Por exemplo, a maneira como um vinho torna-se uma oferenda, um desenho torna-se um glifo ou ações específicas tornam-se parte de um feitiço ou ritual.
3. Ainda não discutimos sobre isso diretamente, mas você provavelmente já ouviu a frase "tomar os meios de produção". O que você acha que isso significa? E o que seria preciso para isso?
4. A ideia de que Trabalho seja um aspecto mágico da atividade humana é indicada ao longo da obra de Marx, mas como ele era ateu (assim como muitos teoristas marxistas subsequentes), esse termo nunca foi diretamente usado, sendo minha própria interpretação. Você considera útil olhar para o Trabalho dessa maneira? Se sim, será que existem outros lugares onde um entendimento mais mágico ou esotérico de tais conceitos possa ajudar?
5. Com relação ao "trabalho morto" ("a composição orgânica do trabalho" de Marx): como um conceito como esse muda a maneira com que você olha para os itens que consome ou as ferramentas

que usa para fazer coisas? E como isso poderia se relacionar com veneração de ancestrais?

6. Com palavras como "valor", que têm significados tanto econômicos quanto não-econômicos, é normalmente difícil dizer qual sentido veio antes ou separar seus usos econômicos dos usos não-econômicos. Pense em outras palavras como essa e veja se você consegue rastrear como seus significados capitalistas/econômicos escondem significados mais antigos.

7. Se você atualmente trabalha por um salário (mensal ou por hora), tente imaginar quanto seu trabalho realmente vale para seu empregador a mais do que ele está pagando. Como regra geral, a maioria dos pequenos negócios limita suas despesas com funcionários a 33% do faturamento, enquanto que empresas maiores usam não mais do que 10-15% de seu faturamento como orçamento para salários.

8. De que formas você sente que foi alienado de seu trabalho? Quais são alguns passos que podem lhe ajudar a recuperar esse seu poder?

9. Muitos marxistas e anarquistas discordam de outras pessoas de esquerda ou liberais sobre o quão útil o Estado pode ser em ajudar as pessoas trabalhadoras a ganharem melhores salários e proteções. Você atualmente acredita que é possível ter o governo "do nosso lado" nessas lutas? Se sim, quais passos seriam necessários para que isso aconteça? E se não, o que deveria então ser feito?

10. Oscar Wilde, em seu ensaio "A alma do homem sob o socialismo", afirma que a lógica do capitalismo degrada tanto a alma dos pobres quanto a dos ricos. Se isso é verdade, como você faria para convencer uma pessoa capitalista de que ela mesma está na pior com o capitalismo?

Leituras complementares

Leve:

• Como capitalistas vêem a situação dos imigrantes: "Low-Skilled Mexican Immigrants Are Making The US Labor Market More Efficient" por Aranya Kapur, *www.businessinsider.com (05/11/2013)*

• "Consultoria empresarial marxista" (*Marxist Business Consulting*), por Existential Comics: *existentialcomics.com/comic/136*

Moderada:

• "The Revolutionary Dead: Karl Marx" (Part 1)" *por Rhyd Wildermuth, abeautifulresistance.org (06/11/2015)*

Intensiva:

• O ensaio de Oscar Wilde chamado "A alma do homem sob o socialismo" *(The Soul of Man under Socialism). Acesse o PDF aqui: spfr.noblogs.org/sagradoeprofanado*

Capítulo Três: O nascimento e a história do capitalismo

Neste capítulo vamos analisar como o capitalismo surgiu, quais forças históricas nos levaram à situação atual e como essa história lhe dá forma. Há alguns conceitos teóricos e filosóficos complicados que vamos introduzir neste capítulo. Se a princípio você tiver dificuldade em compreendê-los, seja paciente consigo mesma(o)! Para mim também não foi fácil.

História como progresso ou história como processo?

Antes de olharmos mais profundamente as raízes do capitalismo e a maneira como ele nasceu no mundo, precisamos ter uma breve discussão sobre história em si.

Como pessoas vivendo em sociedades capitalistas e que sempre só conheceram o capitalismo, tendemos a aceitar a ideia de que a história é um progresso de estados de existência mais baixos ou menos complexos em direção a estados mais altos ou mais complexos. Mais do que isso, fazemos juízos de valor sobre esses estados de existência – mais complexo e moderno é "melhor", enquanto o mais simples e mais velho é "pior".

Capítulo Três

Tente um experimento mental comigo. Imagine como era a vida cotidiana 500 anos atrás no que hoje chamamos de França. Tente se colocar no lugar do camponês mediano (não um lorde ou uma dama). Imagine o que você estaria fazendo todos os dias. Imagine o que você estaria vestindo e comendo, onde você estaria vivendo, como seria sua família. Imagine como seria o trabalho, que tipos de atividades você faria todos os dias e como você se sentiria depois.

Agora tente também sentir esse mundo—sensações, cheiros, sabores, os sons que você ouviria ao acordar e no momento de dormir.

Como você se sente em relação a essa imagem? Que tipos de julgamentos podem ter surgido na sua mente? Será que você se contraiu um pouco quando perguntei sobre "cheiros", talvez imaginando o cheiro de estrume, odores corporais, dentes podres ou outras coisas desagradáveis? Será que você se imaginou com cansaço, com doenças que não podiam ser tratadas naquela época, com exaustão do trabalho severo de cultivar, costurar e todas as outras coisas necessárias para sobreviver? Será que você se imaginou com tédio, com nada para ler ou assistir, sem internet ou celulares ou até mesmo música para escutar quando quisesse?

Se você teve sentimentos negativos sobre como deve ter sido a vida nessa época, dificilmente é a única pessoa. De fato, essa é a concepção capitalista dominante de como era a vida antes de nossa era moderna, e é como ela é normalmente representada em filmes e na televisão. A vida no passado, de acordo com essa imagem, era "pobre, sórdida, embrutecida e curta".

E se eu lhe dissesse que essa maneira de olhar para o passado é tão nova quanto o próprio capitalismo?

Sociedades antes da nossa, e mesmo algumas sociedades que existem agora, não pensam sobre o passado como um lugar onde somos todos miseráveis. Na verdade, há algumas culturas que não têm ou nem tinham um conceito de passado – o que veio antes e o que virá depois são mais como lugares em um mapa ou partes de uma casa. São localizações, não momentos que desapareceram completamente por não ocorrerem mais.

Muito da razão pela qual olhamos para o passado como fazemos agora vem de uma visão de mundo particular que surgiu na Europa a partir de uma mistura de Cristianismo, "O Iluminismo" e o próprio capitalismo. Por exemplo, as palavras que citei anteriormente ("pobre, sórdida, embrutecida e curta") vêm de um filósofo iluminista do século XVII chamado Thomas Hobbes: ele é uma das pessoas que ajudaram a criar essa concepção do passado em primeiro lugar.

A "Narrativa do Progresso"

Vou chamar esse conceito geral de história (em que o passado é pior que o presente) de **"Narrativa do Progresso."** Nessa visão da história, o presente é sempre "melhor" que o passado porque é mais complexo e mais civil. Os que viveram no passado podem ter desejado ser embrutecidos e atrasados, mas eles tiveram poucas escolhas, porque ainda não eram iluminados. O mundo antigo era cheio de "superstição" e maneiras "primitivas" de pensar, instituições como sacrifício humano e escravidão, e as pessoas viviam em uma espécie de escuridão intelectual. Por outro lado, o presente é melhor porque "progredimos" para além de todas essas ideias e instituições. Nós coletivamente "vimos a luz" (o Iluminismo) e, portanto, vivemos em culturas avançadas superiores.

Se essa ideia soa um pouco cristã ou imperialista, você não se enganou: Thomas Hobbes e outros pensadores iluministas como ele foram de fato cristãos e providenciaram a moral principal e o fundamento intelectual para a colonização europeia do resto do mundo.

Outros, como Adam Smith (cujo conceito da "mão invisível do mercado" é frequentemente citado por defensores do capitalismo), também viam o passado como algo a ser rejeitado e o capitalismo como algo a ser abraçado, especialmente porque o capitalismo estava constantemente "aprimorando" a maneira como humanos produzem, consomem e trocam.

A "Narrativa do Processo"

Existe uma maneira diferente de se olhar para a história, proposta por Marx e Engels. Nesta visão, a história é vista como um processo ou uma série de processos. Ela é chamada **materialismo histórico** ou materialismo dialético marxista. Mas em lugar de entrar em um buraco de coelho e perseguir um dos mais confusos e debatidos aspectos do pensamento marxista, neste curso vamos falar dessa visão como a **Narrativa do Processo**.

Na **Narrativa do Processo** da história, as condições da vida estão constantemente em fluxo, mudando de acordo com processos mais amplos (forças) que, por sua vez, conflitam entre si. Juízos de valor sobre o passado e presente são inúteis nessa narrativa, e um grande exemplo de como isso funciona é de imaginar um carvalho.

Na Narrativa do ProGresso da história, a castanha de que brotou o carvalho, ou a muda que ele foi, são ambos menos importantes que o carvalho adulto do presente.

Na Narrativa do ProCesso, em contrapartida, tanto a castanha quanto o carvalho são processos de uma mesma coisa – na verdade, a árvore em si é um processo, uma coisa sempre em devir, em lugar de uma coisa já finalizada.

Se essa maneira de olhar para o mundo soa um pouco pagã, é porque ela é também uma visão animista, enquanto que a Narrativa do Progresso é uma visão cristã (principalmente protestante). Protestantes tendem a ver o mundo como uma progressão da queda do homem do Jardim do Éden à segunda vinda de Jesus Cristo (quando a história será finalizada). Culturas animistas, por outro lado, tendem a pensar mais em ciclos míticos ou em tempo não linear – histórias em lugar de História.

O **Materialismo Histórico Marxista** (a **Narrativa do Processo**) faz outra afirmação que precisamos entender antes de olhar para o nascimento do capitalismo.

Essa afirmação é a seguinte: o pensamento humano reflete o mundo material. Ou seja, não há um reino de "ideais" que existe antes do mundo; tudo que pensamos é um reflexo de nossas experiências como humanos vivendo em sociedades que humanos criaram. O corpo humano não é apenas algo dentro do qual vivemos mas sim o que nós somos, e é essa experiência em ser humanos no mundo que nos leva a "descobrir" (na verdade – imaginar) situações ideais.

Compare esse conceito com uma das ideias fundamentais da Narrativa do Progresso: a de que existe um "estado ideal" de existência na direção do qual a sociedade avança (e, nas variantes mais cristãs, um "estado ideal" do qual nós caímos e para o qual necessitamos voltar). Nessa visão, o que é ideal já existe em nossas cabeças e é em oposição a esse ideal que devemos julgar a experiência humana.

Há talvez uma maneira mais simples de se entender isso, com a qual muitos pagãos estão bastante familiarizados. Em muitas concepções mágicas do mundo, há quatro elementos que compõem tudo o que existe: ar, fogo, água e terra. Esses elementos estão sempre se misturando para criar o mundo: por exemplo, o corpo humano é composto de terra (sua estrutura e existência material), água (nossos corpos são feitos sobretudo de água, e são flexíveis), ar (o oxigênio que inspiramos e o gás carbônico que criamos) e fogo (o calor que criamos e que absorvemos, a transmutação de comida em energia). Todos esses elementos são forças físicas (materiais) sempre em relação umas com as outras.

Na sociedade ocidental, no entanto, tendemos a pensar em uma divisão entre mente (ou espírito) e matéria, e mente/espírito como algo maior que a matéria. "Pensamento positivo" é uma das maneiras como essa ideia se manifesta – se você simplesmente se imaginar mais feliz ou rica(o), você se tornará mais feliz ou rica(o). Colocar otimismo na vida ou visualizar paz mundial – essas são outras consequências dessa visão de mundo.

Uma abordagem marxista aponta para as **circunstâncias atualmente existentes** que estão causando pobreza e guerra e mostra como condições materiais levam a tais sofrimentos. Dessa maneira, a abordagem marxista pode ser considerada mais pagã—ela nos diz para olhar para o mundo à nossa volta, estudá-lo, entender como processos funcionam em conjunto a favor ou contra determinadas maneiras de existência e afirma que não são nossas teorias e pensamentos positivos que mudam o mundo, são nossas ações.

Se após ler esses últimos trechos você compreender a diferença entre essas duas visões de mundo, parabéns! Normalmente leva anos para que muitos marxistas consigam entender esse ponto.

Vida antes e fora do capitalismo

No experimento mental do começo do capítulo, pedi que você imaginasse como era a vida para uma pessoa comum há 500 anos. A resposta para essa pergunta também é a resposta para como a vida era há 1000 anos ou há 2000 anos. Também é a resposta para como a vida é agora para pessoas que vivem nas poucas culturas não-capitalistas ainda existentes, ou para populações como os Amish, ou caso você se mudasse repentinamente com mais ou menos 40 pessoas para uma pequena vila sem eletricidade e equipamentos de tecnologia moderna.

Você passaria parte da sua vida cotidiana trabalhando, assim como agora. Há uma boa chance de que você passaria a maior parte desse tempo de trabalho cultivando sua própria comida e cuidando de seus animais para providenciar comida para você e sua família. Mas você não estaria trabalhando a terra sozinho—você estaria cultivando com outros de sua vila, dividindo as tarefas entre si de acordo com as habilidades de cada pessoa.

Você não trabalharia a terra o ano inteiro, aliás... Você não pode, na maior parte do mundo. É um trabalho baseado em tarefas, e elas são determinadas pela época do ano e o ciclo de crescimento. Assim, por exemplo, no início da primavera você ficaria bem ocupado arando o solo e plantando sementes, mas depois disso sua tarefa passa a ser regar e retirar ervas daninhas até que as plantas estejam prontas para a colheita. Nesse ponto você estará muito, muito ocupado de novo, colocando tudo em celeiros, moendo grãos, separando sementes para o ano seguinte e realizando outras atividades relacionadas àquela colheita (inclusive a fermentação de cerveja e cidra). E então, chegando o inverno, não há trabalho nenhum para ser feito com a terra.[13]

Parece bastante trabalho? Com certeza. Mas era mais trabalho do que o que você está efetuando agora? A resposta em muitos casos é não.

Claro, você provavelmente trabalha quarenta horas por semana em um emprego, e um camponês pode passar muito mais horas trabalhando a terra em algumas semanas. Então provavelmente parece que ele trabalhava mais do que você trabalha agora.

Mas pense novamente em quanto trabalho você realmente realiza em um dia, só que desta vez, em vez de simplesmente incluir as horas gastas em um emprego, pense em todo o trabalho que você faz. Se você dirige até o trabalho, inclua esse tempo. Se você tem crianças que precise preparar para ir à escola todas as manhãs, inclua esse tempo. Inclua também o tempo que você gasta cozinhando e limpando a casa e fazendo compras, realizando todas aquelas outras atividades necessárias para sobreviver. *Isso tudo também é trabalho.*

13. Mesmo em países tropicais em que a diferença entre estações não parece ser tão rigorosa, como é o caso do Brasil, comunidades tradicionais que habitavam e ainda habitam a região ainda assim determinavam suas tarefas de plantio de acordo com o ciclo das plantas cultivadas e a diferença entre épocas de chuva e de seca.

Agora pense em todo o tempo que você tem de folga. A menos que seja professor, você provavelmente não tem um período de três meses todo ano em que você não precisa ir ao seu trabalho, certo?

Para um camponês, entretanto, o inverno era um momento de descanso, quando todo o trabalho manual no campo era impossível. Para nós, ao contrário, trabalho é geralmente o mesmo ao longo do ano, sempre as mesmas oito (ou mais) horas requeridas todo dia, e muitas vezes até mais pesado durante o inverno, especialmente se você trabalha com vendas ou logística nos meses anteriores ao Natal.[14]

Existe uma enorme diferença entre o trabalho feito por um camponês e o trabalho feito por nós hoje em dia. É essa: normalmente, **quase todo o trabalho que uma camponesa realizava era para si**. Elas não "saiam para trabalhar" para outra pessoa, elas simplesmente trabalhavam. Ao longo de quase toda a história da humanidade, a maior parte do que os seres humanos produziam (os produtos de seu trabalho) era seu para ser usado, e o que produziam além de suas necessidades (seu trabalho excedente) era trocado com outros seres humanos por coisas que eles não haviam produzido por si mesmos.

Isso não significa que tudo o que produziam era deles. Comumente uma parte lhes era tirada à força. Proprietários feudais de terra, senhores de guerra, reis e até mesmo líderes religiosos tiravam algo desse excedente na forma de impostos, dízimos, aluguéis e roubo direto.

Essa parte não mudou entre o passado e o presente – governos ainda taxam nosso trabalho. Mas, acredite ou não, a quantidade que um camponês acabava mantendo para si era geralmente muito maior percentualmente do que o que nos sobra de nosso trabalho (vamos olhar para esse ponto mais detalhadamente logo).

14. No hemisfério norte, o Natal é durante o inverno.

Como enriquecer sem merecer

Já falamos sobre o que as pessoas comuns normalmente faziam antes do capitalismo – e as pessoas ricas? Como elas conseguiram sua riqueza?

Ao longo da maior parte da história humana, a maneira principal de uma pessoa rica conseguir riqueza rapidamente era de tomá-la. Guerras, conquistas, escravidão, pilhagem – essas eram as maneiras como você conseguia riqueza (e ainda são em muitos casos). Cavalgar até uma vila com soldados e demandar tributos (impostos) na forma de grãos, gado ou outros produtos era uma maneira tradicional de ganhar riqueza para aqueles que não a produziam com seu próprio trabalho.

Se você tivesse soldados suficientes, poderia escravizar a vila, mas manter pessoas escravizadas não é tão simples quanto parece. Você precisa vigiá-las, espancá-las e normalmente aterrorizá-las até a submissão, e isso tudo necessita mais do que alguns soldados. Você precisaria de uma maneira sistemática para impedi-las de fugir ou de se recusar a trabalhar ou de se rebelar contra você; precisaria ter capatazes (e pagá-los) e mais soldados para defender você de uma revolta de pessoas escravizadas no meio da noite.

Soa um pouco... ineficiente? Na verdade, é mesmo: **escravidão é um sistema difícil de se manter**. Imagine-se tentando escravizar alguém (um pensamento desconfortável e horrível, eu sei!): como impedir essa pessoa de fugir ou de tentar assassinar você e também forçá-la a trabalhar para você? Apenas impérios (o romano, o grego, o inglês, o espanhol, o português, o estadunidense etc.) são realmente capazes de manter essa escala de opressão sistemática por algum tempo.

Portanto, ainda que a escravidão tenha existido por toda parte, ela nunca se tornou o meio principal para que os ricos ganhassem riquezas. E há um limite para quantas vezes você pode saquear o campo antes que já não haja mais nada para ser saqueado; assim, roubo violento de riquezas também não é um sistema "sustentável" a longo prazo, a menos que você tenha um exército massivo (que também precisa ser pago e alimentado!).

No lugar de escravidão e assalto à mão armada, o método principal de conseguir riqueza que os ricos usavam antes do capitalismo foi a taxação, tributos anuais em uma quantidade suficiente para manter pessoas nobres e ricas, mas não tão alta a ponto dos camponeses se revoltarem. Como há sempre esse risco que ricos precisam enfrentar na sua fome por riquezas—a qualquer momento, as pessoas cujas riquezas eles tomam podem decidir revoltar-se. Um punhado de soldados armados não é páreo para uma centena de camponeses armados com forcados, lanças e tochas.

"Luta de classes" existia antes do capitalismo. Aqueles que querem tomar as riquezas de outros sempre tiveram que se preocupar com a possibilidade de revoltas. E aqueles que produzem riqueza sempre tiveram que se preocupar com a possibilidade de serem expropriados com o uso de armas e poder. Esse é o argumento de Marx e Engels na linha de introdução da primeira parte do *Manifesto Comunista*:

> **"A história de toda sociedade até aqui é a história de lutas de classes."**

Como mencionei antes, certas formas de tomar a riqueza de outros (como escravidão) requerem grandes sistemas para serem mantidas. Por sistema, não me refiro ao que normalmente chamamos de "sistema de supremacia branca" ou "patriarcado" (vamos falar desses sistemas no próximo capítulo!). Em vez disso, refiro-me a **sistemas físicos**: pessoas e recursos físicos para concretizar tais formas.

Escravidão, por exemplo, necessita de traficantes de escravos (pessoas armadas para conquistar, sequestrar e transportar escravos), capatazes (pessoas para garantir que escravos estejam fazendo o trabalho pelo qual foram escravizados para fazer), soldados ou policiais (para capturar escravos fugidos ou defender os donos de escravos em caso de revoltas) e também recursos físicos para manter os próprios escravos (um escravo que você não alimenta não trabalha). Tudo isso necessita de muita riqueza para ser iniciado e de muita riqueza para ser mantido, e o "risco" de perder essa riqueza toda em revoltas significava que poucos tinham realmente "condições" de escravizar.

Assim, do ponto de vista das classes dominantes (pessoas ricas, a nobreza etc.), era vital encontrar uma maneira que não dependesse de um sistema tão arriscado e caro para conseguir trabalho (e portanto mais riqueza) das pessoas. Saquear funciona, mas até certo ponto (e novamente - você precisa de soldados para isso). Por isso, na Europa, encontraram outro sistema: Feudalismo.

Feudalismo

O feudalismo nasceu do colapso do Império Romano na Europa, mas levou vários séculos para realmente se enraizar. Quando Roma caiu, a Europa não simplesmente desapareceu em uma "era das trevas" até o Renascimento. Na verdade, "a era das trevas" é outra criação do assim chamado Iluminismo - o mundo não era simplesmente um mundo de trevas porque um império colapsou. Quando muito, a vida ficou um pouco melhor para os pobres e definitivamente muito melhor para as populações anteriormente escravizadas pelos romanos.

No entanto, uma classe de pessoas realmente sofreu com a queda do império—a mais rica.

O império romano havia criado várias redes de comércio (incluindo a construção de milhares de quilômetros de estradas) e havia construído muitas fortalezas militares a partir de vilas conectadas por essas rotas de comércio. Por meio de burocracia imperial e um sistema de patronato, surgiu também uma classe de pessoas com enormes quantidades de riqueza, principalmente sob a forma de terras concedidas pelo império. Quando o império entrou em colapso, essa classe deixou de ter o apoio de exércitos imperiais e passou a precisar contratar suas próprias milícias.

Assim, depois da queda a vida das pessoas comuns continuou como era anteriormente, com a diferença de que os homens armados que ocasionalmente viajavam às vilas para demandar grãos e ovelhas não eram mais soldados romanos. Eram homens de poder local, às vezes chefes de nações tribais, invasores vikings ou mercenários contratados da antiga nobreza romana e seus descendentes. Enquanto isso, costumes e crenças locais puderam florescer novamente em muitos lugares sem soldados romanos forçando as populações a se converterem ao cristianismo sob pena de morte.

O feudalismo emergiu desse ambiente com o esforço da pequena classe rica para consolidar novamente seu poder, auxiliada pela Igreja Católica e sua rede de bispos e padres. A religião era útil nesse processo – permitia àqueles que a Igreja apoiava um ar de legitimidade para suas reivindicações, e em troca os padres ganhavam uma poderosa ajuda para converter (ou reconverter) camponeses.

O que é então o **Feudalismo? É uma relação política hierárquica em que governantes juravam lealdade a governantes mais poderosos, que em troca prometiam protegê-los de outros governantes mais poderosos.**

O feudalismo tornou-se útil para os mais ricos por uma razão que já apontei ao longo dessa discussão sobre história. Lembre-se: soldados custam dinheiro, e sem soldados você não pode explorar facilmente camponeses. Você precisa de um exército para forçar as pessoas a pagar impostos ou tributos, e se esses soldados estão constantemente ocupados garantindo que os camponeses não se revoltem, eles não estarão disponíveis para defender suas terras em caso de invasões. O contrário também é válido: se você envia seu exército para lutar contra outros exércitos, as pessoas que você continua explorando tendem a se revoltar na ausência de soldados.

O arranjo político do Feudalismo resolveu esse problema para os ricos. Ao conceder uma parte de suas próprias riquezas a um rei, recebiam a proteção de um exército maior e poderiam então concentrar-se em extrair riqueza de camponesas e camponeses. Os reis também ganhavam direitos sobre as terras dos ricos nesse acordo, um fato que torna-se importante mais tarde na história da Europa, levando à criação de reinos mais amplos e impérios como o britânico e o espanhol.

A vida sob o Feudalismo

Sob o Feudalismo, a vida para os plebeus tornou-se difícil de novo. À medida em que nobres e reis reivindicavam terras com o uso de exércitos, aqueles que viviam nessas terras eram reivindicados também. Senhorias feudais começaram a reivindicar partes de tudo o que as pessoas camponesas (ou servas) produziam e a forçar-las a trabalhar diretamente para a nobreza durante certos períodos do ano.

Nossa imagem de como era a vida em servidão normalmente é a de uma vida curta de tragédias e trabalho exaustivo. E em alguns casos, a vida como fabricante sob o feudalismo realmente era assim. É bastante possível que essa era também a maneira como as pessoas viam suas vidas, especialmente aquelas que, por si mesmas ou através de seus avós, ainda se lembravam de como era a vida antes da servidão. Mas há alguns aspectos surpreendentes da vida de um servo que podem mudar ligeiramente sua opinião.

Por exemplo, um servo era normalmente obrigado a doar um terço de tudo o que havia produzido a seu senhor feudal. Parece muito até compararmos com quanto os trabalhadores do mundo moderno pagam em impostos agora (incluindo impostos sobre vendas). E essa comparação nem é toda a questão, já que no capitalismo não são apenas os governos que tomam uma porção do trabalho humano.

De fato, a maioria das empresas pequenas limitam seus gastos com funcionários em um terço de seu orçamento total. O que significa que estão levando dois terços do que os empregados "fazem" para os proprietários e deixando-lhes não mais do que um terço em troca. E estamos falando de pequenas empresas—grandes empresas e corporações gastam porcentagens muito menores do seu lucro bruto para pagar trabalhadores.

Assim, pessoas em servitude na verdade podiam manter muito mais do que produziam do que nós. Além disso, a quantidade de tempo realmente gasto trabalhando era menor do que a que gastamos hoje (levando em conta os invernos). E a quantidade de tempo que elas eram forçadas a trabalhar sem compensação para suas senhorias era normalmente de apenas alguns dias por ano.

Antes de idealizarmos demais a vida feudal, é vital entender uma coisa que pessoas em servidão não podiam fazer. **Elas não podiam ir embora**. Pertenciam à senhoria da terra; elas eram servas da senhoria feudal, e ir embora normalmente significava morte se você era pego. Além disso, o senhor feudal tinha bastante controle sobre alguns aspectos da vida dos servos: por exemplo, em muitos casos os casais precisavam pedir permissão para se casar, e os nobres podiam demandar (e normalmente demandavam) em troca o "direito" de fazer sexo com a mulher antes.

Outra agitação na Europa

O Feudalismo começou no século IX, cresceu durante as próximas centenas de anos e colapsou no século XV.

Muitas historiografias capitalistas contam seu fim como uma "transição natural" para um sistema mais eficiente. Mesmo muitos historiadores marxistas reduzem essa transição, escrevendo como se o capitalismo estivesse simplesmente esperando por uma oportunidade para evoluir a partir do sistema feudal. Mas uma pesquisadora marxista feminista muito importante, Silvia Federici, torna claro que um evento que todos conhecemos teve muito mais importância para essa mudança do que normalmente nos damos conta.

Esse evento? **A Peste Negra**.

Na metade do século XIV, entre 30% e 60% da população europeia morreu. Ainda que a peste tenha matado indiscriminadamente, por simples porcentagem da população foram as pessoas camponesas que mais sofreram. E ainda que seja impossível entender como deve ter sido conviver com aquela quantidade de mortes, surgiu uma dádiva inesperada para as pessoas pobres: como elas agora existiam em menor número, eram mais necessitadas pelas pessoas mais ricas.

Quando trabalhadores são fáceis de se encontrar, os ricos conseguem facilmente explorá-los mais. Quando há menos trabalhadores disponíveis, os ricos precisam fazer mais para atraí-los e mantê-los.

Pense: se um nobre precisa de dez servos para produzir toda a riqueza que demanda, mas tem cem servos à sua disposição, se alguns deles morressem não haveria grandes perdas para ele. Mas se precisa de dez e só tem dez, ele não pode forçá-los a trabalhar tanto quanto antes. Da mesma forma, os servos também entendem essa situação e têm mais chances de fazer demandas que os nobres precisam aceitar.

Assim, por mais perverso que pareça, **a Peste Negra em realidade inaugurou um curto período de poder e liberdade para as pessoas camponesas**. Elas podiam deixar as terras feudais sem se preocupar com serem perseguidas por soldados, já que a maioria desses soldados tinha inclusive morrido. Se ficassem, camponeses estavam em melhor posição para negociar em seus próprios termos com as senhorias feudais.

Claro, isso significava que as pessoas ricas enfrentavam ainda outro problema. Os antigos acordos não funcionavam mais, revoltas camponesas tornaram-se ocorrências comuns (a maioria das mais importantes ocorreram nos séculos XIV, XV e XVI), e vilas livres (não pertencentes a nenhum senhor feudal) assim como comunas cheias de heréticos surgiram por toda a Europa.

Os ricos já não podiam mais forçar as pessoas a trabalhar em suas terras; precisavam encontrar outras formas para fazer isso.

Acumulação primitiva: escravidão e conquista

Antes de falarmos do nascimento do capitalismo das ruínas do Feudalismo, há outro processo de que ainda não falamos e que é de importância vital. Esse processo é a **colonização**.

Mais cedo neste capítulo, expliquei como extrair riqueza diretamente das pessoas não é um sistema muito sustentável. Além do custo inicial de um exército para conquistar populações, comunidades podem ser pilhadas apenas uma ou duas vezes antes de que não haja mais nada a ser levado. Você pode cavalgar até uma vila, matar todas as pessoas e roubar todo o ouro nas casas apenas uma vez, pois depois já não haverá pessoas para matar e ouro para roubar.

O que era pilhável na Europa já tinha sido quase completamente pilhado, especialmente quando fortalezas feudais caíam em ruínas por falta de trabalhadores. Felizmente para os ricos da Europa e infelizmente para o resto do mundo, rotas marítimas para as Américas haviam sido estabelecidas.

Logo, navios cheios de soldados chegaram na costa de ambos os continentes e "descobriram" novas vilas para pilhar, levando ouro, prata, peles, novos alimentos e pessoas escravizadas para as arcas de reis e mercadores na Europa. O mesmo aconteceu na África e na Ásia—nobres Europeus competiam entre si para pilhar o máximo possível e recuperar a riqueza perdida com o colapso do Feudalismo.

Escravidão—que havia quase que completamente terminado na Europa depois da queda do Império Romano

—começou novamente, mas desta vez com pessoas escravizadas da África e das Américas.

Há diversos fatores para se ter em mente quando vemos como e por que a escravidão recomeçou nesse período.

- Em primeiro lugar, assim como a pilhagem, a escravidão não é um sistema muito sustentável para se manter a menos que você tenha muitos recursos desde o começo. Neste caso, não houve problema—toda a riqueza roubada das Américas era mais do que suficiente para contratar soldados, traficantes de escravos e capatazes.
- Em segundo lugar: **escravidão é uma forma de trabalho**. Tendemos a esquecer disso quando pensamos na escravidão porque a brutalidade do sistema esconde os motivos por trás dele. Para ganhar riqueza, você precisa de humanos para aplicar seu trabalho nas coisas. Escravidão é uma forma de conseguir esse trabalho, e ainda que as circunstâncias de um escravo sejam absolutamente piores que as de um servo feudal ou um trabalho, a razão para a exploração é a mesma em todos os casos: os ricos querem mais riqueza.
- Em terceiro lugar: As táticas usadas na exploração de escravos da África e das Américas não tinham sido simplesmente descobertas quando esse período de escravidão colonial começou. Lembre-se das condições de um servo sob o feudalismo, particularmente no controle que um senhor feudal exercia sobre a vida sexual e a mobilidade dos servos. **Métodos de controle aprendidos através da exploração de camponeses na Europa foram aplicados na instituição da escravidão.**
- Em quarto lugar: escravidão existiu em muitas épocas e em muitos lugares do mundo, incluindo tanto na Europa quanto entre os grupos que foram escravizados. Esse é um conceito bastante delicado de se discutir, já que alguns grupos insistem que apenas a escravidão que transforma humanos em bens móveis (o tipo de escravidão a que as populações africanas foram reduzidas) é escravidão de

"verdade". Nesse tipo de escravidão, o escravo é de "propriedade" absoluta de seu dono. Muito comumente, esse tipo de propriedade sobre a pessoa escravizada estende-se também a seus filhos e filhas. É importante compreender essa distinção, mas também considerar que outras formas de escravidão também existem: por exemplo, mulheres traficadas para trabalho sexual não remunerado, trabalhadores imigrantes forçados a trabalhar de graça sob a ameaça de serem presos, servidão sob contrato como ainda praticado no sistema de castas da Índia e como existiu com imigrantes irlandeses, e trabalho penal, especialmente entre pessoas negras e outras minorias da população penal dos EUA. **Essas são todas formas de escravidão que variam em graus de exploração, e a que transforma pessoas em propriedades certamente é a mais severa dessas formas.**

O escravagismo permitiu aos ricos da Europa superar a crise de trabalho que estavam enfrentando em suas próprias terras. Camponeses europeus tinham ganhado poder demais para serem facilmente explorados, o que tornou a escravidão um meio para que os ricos continuassem a extrair trabalho de trabalhadores sem ceder-lhes ainda mais poder.

Não apenas isso, mas também deu aos ricos acesso à riqueza de que precisavam para resistir e retaliar as revoltas camponesas na Europa e deu a até mesmo nobres menores a chance de usurpar a hierarquia instituída pelo feudalismo e tornarem-se governantes às suas próprias maneiras.

É absolutamente essencial ver essa conexão. A riqueza roubada durante a colonização e a exploração do trabalho através da escravidão não ficou simplesmente depositada em baús nos cofres de reis e rainhas: foi usada para ganhar mais riqueza, investida em novas maneiras de extrair riqueza de pessoas e recursos.

Em termos marxistas, o período de extração de riqueza através da pilhagem e da escravidão é chamada **Acumulação Primitiva** (primitiva significa "primeira" ou "inicial" neste caso, não "atrasada" ou "selvagem", como passou a ser entendida hoje em dia). E toda essa riqueza conquistada ao longo da acumulação primitiva foi o que se tornou o Capital que hoje domina o mundo.

O nascimento do capitalismo: Cercamentos e Industrialização

Você se lembra de que mencionei como a escravidão precisa de pessoas trabalhando em profissões específicas (traficantes de escravos, capatazes etc.) para ser viável? O imperialismo também precisa, e ainda mais. Profissões "gerenciais", como de comerciante, escrituração, avaliação, administração colonial, setor bancário e diversas outras eram necessárias para manter um Império funcionando.

O período de expansão imperialista viu uma explosão de tais profissões, criando uma nova classe de pessoas sobre a de trabalhadores, mas abaixo dos aristocratas. Elas vivia principalmente em vilas e cidades, tinha acesso a uma parte maior das riquezas que vinham da colonização do que trabalhadores e também gravitava mais em direção ao novo Cristianismo "urbano" (o Protestantismo) do que tanto pobres quanto nobres.

Essa classe de pessoas, a **"burguesia"** (habitantes das cidades),[15] começou a exercer uma influência maior na sociedade do que ambos os dois outros grupos. Ela tendia a considerar a si mesma como o poder real por detrás de toda a nova riqueza que circulava pela Europa (e até certo ponto, estava certa—ela gerenciava—ainda que não fosse a criadora—de toda essa riqueza).

Via a si mesma como mais educada e criativa do que a classe dominante (a nobreza era bastante tradicionalista e muito cuidadosa com sua riqueza), e em muitos casos como "moralmente" superiores. Essa última característica vinha do tipo de Cristianismo Protestante que ela mais praticava: o

15. As cidades europeias no fim da Idade Média eram chamadas de "burgos".

Calvinismo, que ensinava que riqueza, autodisciplina e moralidade pública estrita eram sinais do favor de Deus, de que eram parte das pessoas "eleitas" que Deus tinha escolhido para serem salvas.

O **Calvinismo** é crucial para compreender como o capitalismo se desenvolveu, já que se tornou mais influente do que o Luteranismo e o Catolicismo. O Calvinismo representou diversas rupturas significativas com a visão de mundo católica, uma das mais importantes sendo o fim da proibição da usura (o empréstimo de dinheiro com juros).

O Catolicismo, mesmo que não fosse uma religião particularmente simpática com os mais pobres, ainda assim mantinha certos limites à maneira como as pessoas pobres podiam ser tratadas. Com o Catolicismo, era considerado pecado cobrar demais por comida a ponto dos pobres morrerem de fome, por exemplo. O Calvinismo rejeitava essa ideia e, ao contrário, até mesmo sugeria que era dever de comerciantes inflacionar os preços para impedir que as pessoas mais pobres fossem preguiçosas ou gulosas.

O Calvinismo também via o mundo natural como algo que Deus havia criado para seus povos escolhidos usarem; portanto, uma floresta tinha valor apenas como algo a ser usado, não em si mesma.

Assim, temos um novo grupo de pessoas armadas com uma nova visão religiosa ganhando rapidamente mais riqueza e poder na Europa. E temos uma aristocracia (ainda se recuperando do colapso do sistema Feudal) intrinsecamente dependente dessa nova classe.

Mas e as pessoas pobres?

A vida delas ficou ainda mais *difícil*. Com a ascensão dessa nova classe, a burguesia começou a demandar dos governos mais terras, especialmente no parlamento inglês. Ela (e especialmente um de seus filósofos, Adam Smith) afirmava que terras improdutivas eram inúteis e possivelmente pecaminosas, e o parlamento inglês lhes entregou o que queriam na forma de diversas ondas de **Atos de Cercamento.**

Essas leis subdividiam grandes lotes de terra (literalmente enclausurando-as em cercas e barreiras) que eram então vendidos pelo governo. As "terras improdutivas" que eles atacavam para esses enclosures e vendas não vinham dos aristocratas, no entanto—elas vinham dos pobres.

Sob o Feudalismo, servos tinham acesso a lotes de terra que podiam ser usados para suas próprias necessidades. Pequenos bosques eram cheios de animais que podiam ser caçados por sua carne e seu couro, e madeira para a cozinha e aquecimento; prados e pastos podiam ser usados para a criação de ovelhas e gado e para o plantio de vegetais; e rios e lagos eram fontes de água e peixes para os camponeses.

O direito ao uso destas terras foi protegido em Lei Comum por séculos, concessões conquistadas pelo povo desde o início do Feudalismo. Um paralelo a esse tipo de terra poderia ser os pequenos lotes de hortas que os latifundiários permitiam às pessoas escravizadas cultivar para sua própria alimentação; ainda que não fosse oficialmente propriedade delas, eram terras que proprietários haviam separado para esse uso e que, caso fossem tiradas de pessoas escravizadas, elas certamente morreriam de fome ou se revoltariam.

Foram exatamente essas terras, as **"terras comuns,"** que o parlamento inglês e grandes proprietários dividiram e venderam. Cada prado cercado, cada bosque desmatado, e cada rio e lago bloqueado significaram muitos camponeses famintos subitamente sem quaisquer meios de sobrevivência. Houve revoltas contra esses atos, muitas delas lideradas por mulheres, e sempre abafadas violentamente por milícias, proprietários de terras e soldados.

Os Cercamentos espalharam-se rapidamente da Inglaterra para a Escócia e a Irlanda, e então para a França e o que é hoje a Alemanha, e logo a Europa vivenciou seu maior deslocamento populacional da história. Camponeses e pequenos fazendeiros de repente não tinham mais terras das quais sobreviver: suas únicas opções eram a de se mudar para as vilas e cidades para procurar emprego ou fazer parte de assentamentos em terras colonizadas. A maioria foi para as cidades, mas quando chegaram lá perceberam que essas áreas urbanas já estavam transbordando com outros camponeses desalojados procurando trabalho.

Você se lembra do que acontece quando há mais trabalhadores disponíveis do que os que ricos precisam? O poder e a influência de cada pessoa trabalhadora individual diminui e elas passam a ser facilmente exploráveis. Assim, podemos entender como o deslocamento populacional causado pelos cercamentos conseguiu reverter completamente os danos causados ao poder dos mais ricos após a Peste Negra. Nos séculos XIV e XV, havia muito poucas pessoas trabalhadoras, e era difícil explorá-las; a partir dos séculos XVII e XVIII, os ricos estavam novamente em posição de explorar trabalhadores da maneira mais eficiente possível.

Mas desta vez, era uma classe completamente nova de ricos que realizou a exploração. Como uma classe de pessoas que gerenciavam a expansão colonial e as riquezas que vinham daí, e também como uma classe devota a princípios religiosos que viam o mundo como um lugar a ser usado para demonstrar a salvação pessoal, a burguesia foi capaz de se aproveitar desse excesso de trabalhadores e de transformá-los em uma força industrial de trabalho.

Ela construiu primeiro oficinas e depois fábricas para empregar pessoas pobres (incluindo crianças) na produção têxtil, uma tarefa anteriormente desenvolvida por guildas especializadas de artesãos. Outras indústrias rapidamente caíram sob sua dominação, destruindo completamente séculos de profissões no espaço de algumas décadas.

Estes moinhos satânicos

No século XVIII, um homem chamado Richard Arkwright inventou o primeiro tear movido a água capaz de processar algodão em fios em uma escala industrial. Esse foi o nascimento da fábrica moderna, e logo centenas mais surgiram dentro e ao redor das cidades, alimentadas pelos pobres que tinham acabado de chegar em busca de trabalho.

Arkwright era um típico capitalista burguês: ele construiu cabanas e pensões ao redor de sua primeira fábrica para alojar as pessoas trabalhadores de que precisava, exatamente como as senhoriass feudais haviam feito ao redor de suas mansões e castelos. Arkwright permitia a seus trabalhadores uma semana de folga por ano, mas com uma condição: como um senhor feudal, ele proibia seus trabalhadores de sair da cidade onde a fábrica estava localizada.

Demorou realmente pouco tempo para que essa nova maneira de usar a força dos trabalhadores se espalhasse pela Europa. Fábricas surgiram rapidamente nas colônias da América do Norte, inicialmente (como a primeira fábrica de Richard Arkwright) devotadas ao processamento do algodão colhido por pessoas africanas escravizadas e sua transformação em tecidos e roupas, que eram em seguida vendidos em cidades superlotadas com pessoas desalojadas, que por sua vez trabalhavam em fábricas similares.

Esse é um ponto vital—**o trabalho explorado na escravidão e o trabalho explorado nas fábricas é conectado**, e não apenas porque ambos são formas de exploração do trabalho. Estes trabalhos estavam sendo aplicados exatamente nos mesmos recursos, apenas em partes diferentes da cadeia de produção.

Assim como agora na África uma criança minera *coltan*, que é usado na manufatura de *smartphones* por trabalhadores industriais mal-pagos na China, a exploração do trabalho escravo e do trabalho industrial foi articulada pelas mesmas forças e pelas mesmas pessoas, atando o sofrimento de diferentes grupos com o intuito de ganhar mais riqueza.

Essa é a corrente de sofrimento que Marx viu, escrevendo menos de um século após a aparição da primeira fábrica na Inglaterra. A natureza vampírica do capital, o "trabalho morto" (incluindo pessoas escravizadas mortas!) que "suga a vida do trabalho vivo."

Não apenas o poder de seus próprios trabalhadores, mas dos trabalhadores de outros lugares, pessoas colonizadas e escravizadas nos dois lados do oceano. Um novo sistema havia surgido, um que hoje parece não ter fim.

Questões e leituras complementares

1. A Narrativa do Progresso é um dos aspectos da sociedade capitalista moderna mais difíceis de enfrentar, já que afeta não apenas como vemos o passado mas também o presente. A ideia de que as coisas "sempre estão melhorando" pode ser vista em toda parte: de direitos humanos e justiça social a informática e automóveis. Ainda assim, aquecimento global, eventos de extinção em massa e pobreza crescente nunca estão incluídos nessa ideia. Nos próximos dias, procure exemplos de como a Narrativa do Progresso nos é empurrada, especialmente na mídia. Além disso, quando você imaginava um camponês medieval, quanto dessa imagem foi construída por filmes ou televisão?

2. A Narrativa do Processo não faz julgamentos de valores entre o passado e o presente, e sim enxerga a história como um "desdobramento" ou um "devir" constante. Quando você pensa em sua própria vida, como essa narrativa pode mudar a maneira como você lida com idade, culpa e inteligência? E como ela pode também mudar a maneira como você pensa sobre eventos políticos à sua volta?

3. A vida moderna está saturada de máquinas, aparelhos e tecnologias que teoricamente fazem nossa vida "mais fácil", e essa é uma das razões porque tendemos a imaginar a vida no passado como mais difícil do que no presente. Mas como cada máquina facilitadora vem também o imperativo para usá-la. Se você dirige um carro, como a distância que você "pode" percorrer para ir trabalhar se torna a distância que você "precisa" percorrer para trabalhar? Se você tem um smartphone, será que você se pega constantemente trabalhando mesmo quando não está no trabalho? De que outras formas a tecnologia moderna pode não representar um decréscimo real na quantidade de trabalho, em comparação ao que um camponês realizava?

4. Definir a escravidão como um trabalho não-remunerado e à base de coerção não é livre de controvérsias. Considere fazer uma pesquisa sobre ao menos um incidente de escravidão moderna. Como a "forma" da escravidão persiste ao longo do tempo, mesmo que as condições específicas tenham mudado?

5. As terras comunais na Europa funcionavam de uma maneira bastante similar à maneira como muitas populações indígenas das Américas usavam e partilhavam a terra, tanto que muitos anarquistas e comunistas do século XIX estudaram os modos como indígenas usavam suas terras como uma forma de tentar recuperar as terras comunais na Europa. Quais paralelos podem ser traçados entre os Atos de Cercamento das terras comunais na Europa e o roubo de terras de populações colonizadas? Quais são as diferenças?

6. Pegue uma peça de roupa ou um item de tecnologia da sua casa e tente rastrear de onde veio cada um de seus aspectos. A seguir, tente desenhar uma linha de produção entre as matérias primas e você mesmo, como consumidor final. Quais são as condições das pessoas trabalhadoras ao longo dessa linha? Como você se conecta com elas?

Leituras complementares

Leve:

• Sobre o tempo de férias de camponeses, "Medieval peasants got a lot more vacation time than you: economist" por Joel Pavelsky, *nypost.com (04/09/2013)*

Moderada:

• "The Revolutionary Dead: Karl Marx (Part 2)" *por Rhyd Wildermuth, abeautifulresistance.org (13/11/2015)*

• "A new luddite rebellion" *por Rhyd Wildermuth,* ab*eautifulresistance.org (14/02/2018)*

Intensiva:

• "Tempo, disciplina de trabalho e capitalismo industrial": um ensaio do historiador E. P. Thompson sobre como a concepção moderna de tempo foi inculcada nos trabalhadores. *Acesse o PDF aqui: spfr.noblogs.org/sagradoeprofanado*

Capítulo Quatro: Os custos sociais do capital

Já examinamos como a vida política e econômica mudou, mas ainda precisamos olhar para como a existência social das pessoas foi transformada pelo capitalismo. Neste capítulo, vamos ver de que maneira Marx e marxistas descrevem esse processo, e como o capitalismo alterou nosso modo de entender uns aos outros e o mundo natural. Para isso, vamos nos aprofundar no que Marx tem a dizer no Manifesto Comunista

O gerenciamento social do mundo

No *Manifesto do Partido Comunista*, Marx e Engels dão atenção especial à influência da burguesia e seu poder político e social. Entender o surgimento da ética burguesa é essencial para compreender como nossas relações sociais são determinadas pelo capitalismo. Para isso, vamos analisar uma seção específica do *Manifesto do Partido Comunista*, a parte em que a burguesia é descrita. Eu destaquei algumas seções que são particularmente importantes para essa discussão, e vamos em seguida aprofundar cada uma delas.

> *Onde quer que ela tenha chegado ao poder, a burguesia destruiu todas as relações feudais, patriarcais, idílicas. Esgarçou sem piedade os variados laços feudais que uniam o*

ser humano a seu superior natural, sem deixar outro vínculo a ligar seres humanos que não seja o puro interesse, o insensível "pagamento em dinheiro." *Ela afogou os sagrados calafrios do êxtase devoto, do entusiasmo cavalheiresco, da melancolia pequeno-burguesa, nas águas gélidas do cálculo egoísta. Dissolveu a dignidade pessoal em valor de troca e substituiu as inúmeras liberdades conquistadas e garantidas por uma única: a inescrupulosa liberdade de comércio. Em resumo, a burguesia trocou a exploração envolta em ilusões religiosas e políticas pela exploração pura e simples, aberta, desavergonhada e direta.*

Todas aquelas atividades desde sempre encaradas com temor respeitoso e devoto, a burguesia as despiu de sua auréola. Ela transformou o médico, o jurista, o sacerdote, o poeta e o homem das ciências em assalariados a seu serviço.

A burguesia removeu das relações familiares seu véu emotivo-sentimental, reduzindo-as a mera relação monetária.

A burguesia revelou como o dispêndio brutal de forças, que a reação tanto admira na Idade Média, encontrou seu complemento adequado na mais indolente ociosidade. Somente ela demonstrou o que a atividade humana é capaz de produzir. Erigiu maravilhas muito diferentes das pirâmides egípcias, dos aquedutos romanos e das catedrais góticas, e promoveu marchas bastante diversas das migratórias ou daquelas das Cruzadas.

> ***A burguesia não pode existir sem revolucionar continuamente os instrumentos de produção — ou seja, as relações de produção —, isto é, o conjunto das relações sociais.*** *A manutenção inalterada do velho modo de produção era, ao contrário, condição primordial para a existência de todas as classes industriais anteriores. A transformação contínua da produção, o abalo ininterrupto de todas as condições sociais, incerteza e movimento eternos, eis aí as características que distinguem a época burguesa de todas as demais. Todas as relações sólidas e enferrujadas, com seu séquito de venerandas e antigas concepções e visões, se dissolvem; todas as novas envelhecem antes mesmo que possam se solidificar.* ***Tudo que é sólido desmancha no ar, tudo que é sagrado é profanado, e as pessoas se veem enfim obrigadas a enxergar com olhos sóbrios seu posicionamento na vida, suas relações umas com as outras.***

O fim das relações sociais feudais

(Como a nova classe capitalista mudou o tecido social geral das sociedades)

> *Onde quer que ela tenha chegado ao poder, a burguesia destruiu todas as relações feudais, patriarcais, idílicas. Esgarçou sem piedade os variados laços feudais que uniam o ser humano a seu superior natural, sem deixar outro vínculo a ligar seres humanos que não o puro interesse, o insensível "pagamento em dinheiro".*

Já vimos que o Feudalismo era um sistema exploratório, mas sob ele a nobreza não conseguia explorar completamente seus servos e servas. Na verdade, senhorias feudais muitas vezes precisavam fazer concessões às pessoas em servitude, protegê-las de outras senhorias feudais, dar-lhes acesso às terras comunais e obedecer muitos outros costumes informais (e algumas vezes escritos) como parte das "noblesse oblige" (obrigações nobres).

No entanto, esses não eram deveres morais que as senhorias feudais simplesmente praticavam voluntariamente como parte de suas responsabilidades como nobres: ao contrário, muitas partes desses códigos eram concessões que as senhorias feudais eram forçadas a fazer para prevenir greves e revoltas de camponeses.

A ideia de que governantes devem agir de maneira justa e responder a padrões elevados de comportamento moral por causa de sua posição continua até hoje. Pense nos escândalos de corrupção envolvendo presidentes e congressistas que constantemente ocupam jornais e mídia. Quando um presidente faz sexo com sua estagiária ou um primeiro ministro usa sua posição para ganhar riqueza, nós os julgamos de forma mais dura do que quando um CEO faz a mesma coisa precisamente por causa desse antigo código moral.

Porque isentamos CEO's? Não é porque essas pessoas têm menos poder que um político (compare o poder político de um representante dos EUA ou de um membro do parlamento inglês com o poder de um CEO de Goldman Sachs, Nestlé ou Exxon!) Ao contrário, é porque a **burguesia – ao usurpar o poder econômico de senhorias feudais – conseguiu isentar-se da antiga ordem de obrigações.**

A famosa história de Charles Dickens, *Um Conto de Natal*, escrita durante esse período de transição, ilustra-o muito bem. A recusa de Ebeneezer Scrooge, o patrão indiferente, de dar a seu funcionário um pagamento extra no Natal já nos parece bastante ruim. Mas é ainda pior quando consideramos que por séculos era parte dos deveres das senhorias feudais sob *noblesse oblige* dar bolo, bebidas e alguns dias de folga durante o Natal para seus servos.

De fato, muitas tradições natalinas ainda ecoam essa antiga ordem feudal. Os próprios corais de Natal eram parte desse sistema: camponeses e habitantes de vilas cantavam desafinadamente em frente às casas de nobres ricos para demandar comida e álcool. Se os nobres não oferecessem nada, os coralistas invadiriam a casa e tomariam o que quisessem. É por isso que a história de Dickens se chama Um Coral de Natal:[16] é uma brincadeira irônica com as relações sociais antigas, e aqueles que a leram na época de sua primeira publicação provavelmente entenderam o ponto.

E qual era o ponto? Que a nova ordem de chefes e patrões estavam falhando em cumprir suas obrigações sociais com aqueles que exploravam.

Tanto Dickens quanto Marx viram a mesma coisa: ainda que a antiga ordem do Feudalismo fosse corrupta e opressiva, essa nova ordem burguesa/capitalista era ainda **mais** opressiva, porque ela abolia todos os direitos que foram conquistados por pessoas em servitude.

Enquanto as senhorias feudais normalmente se esforçavam para fugir de suas obrigações com as pessoas em servitude, os capitalistas simplesmente não reconheciam nenhuma obrigação ou dever com seus trabalhadores. Os próprios trabalhadores precisavam prover tudo por si mesmos agora, e a única maneira para fazer isso (porque não havia mais terras comunais) era trabalhar para os capitalistas. É a referência ao "pagamento em dinheiro" desta seção: o salário.

16) Essa é a tradução literal para *A Christimas Carol*, ainda que em português tenha-se escolhido normalmente traduzir por "Um conto de Natal."

A mudança nas relações familiares

(Como a classe capitalista criou uma subjugação sistemática das mulheres)

A burguesia removeu das relações familiares seu véu emotivo-sentimental, reduzindo-as a mera relação monetária.

É normalmente difícil para concebermos esta ideia, mas a família nuclear, com o esposo dominante e a dona de casa obediente, é uma criação bastante nova. Mais do que isso, *é uma criação capitalista.*

Assim como é incorreto ver a história como uma marcha rumo ao progresso para os pobres, também é incorreto considerar o capitalismo como parte de uma narrativa de progresso e libertação para as mulheres. No período feudal e antes, assim como em incontáveis outras sociedades fora da Europa, as mulheres normalmente tinham direito à propriedade e acesso a mais riquezas do que tiveram durante o nascimento do capitalismo.

A chave para entender como a posição das mulheres piorou sob o capitalismo é o fim das terras comunais. Quando mulheres e homens tinham ambos acesso a prados, fontes de água e bosques, tinham acesso a seus próprios meios de produção. E ainda que ambos tivessem um acesso relativamente igual às terras comunais antes dos Cercamentos, eram as mulheres que mais se beneficiavam desse acesso.

Considere: dispensando programas sociais, uma mulher solteira com uma criança no capitalismo tem dois meios principais de sobrevivência – trabalhar por um salário ou casar-se com um homem que trabalhe por um salário. Se ela escolher a segunda opção, certamente o homem vai esperar que ela desempenhe o trabalho doméstico (cozinhar, limpar, fazer as compras, criar as crianças) em troca de seu apoio financeiro. Ele é capaz de oferecer esse acordo por conta de seu salário, o dinheiro que ele recebe ao vender seu trabalho a um capitalista. Ela, ao contrário, normalmente não pode fazer a mesma oferta de volta—é raro que mulheres em sociedades capitalistas ganhem a mesma quantia que um homem por um trabalho semelhante. Além disso, se ela decidir vender seu trabalho diretamente a um capitalista (por um salário) em vez de se casar, terá que trabalhar ainda mais por causa da criança que ela também está sustentando.

Em sociedades feudais, tribais ou outros grupos fora do capitalismo, uma mulher nessa situação tinha ainda outra opção—**produzir comida por si mesma e por sua criança sem vender seu trabalho a mais ninguém**. Junto com essa opção, ela também tinha o benefício de relações sociais nas terras comunais, em que mulheres compartilhavam o trabalho de cuidar das crianças, os trabalhos domésticos (cozinhar, por exemplo) e o trabalho de produção de alimentos (cultivando plantações, cuidando de animais).

Graças ao seu acesso a terra, sua decisão de entrar em uma relação doméstica com um homem normalmente não era um imperativo para sua sobrevivência, e se o homem lhe demandasse trabalho demais, separar-se não significava perder a possibilidade de se alimentar.

Essa organização das coisas foi destruída pelos Cercamentos tanto na Europa quanto nas terras colonizadas. De repente mulheres encontravam-se sem outra escolha a não ser casar-se ou trabalhar para outra pessoa. Mas se casar também significava trabalhar para outra pessoa, especialmente porque a maioria dos capitalistas preferiam trabalhadores do que trabalhadoras.

As razões para isso não são apenas porque capitalistas normalmente eram homens e adotavam a moralidade patriarcal do Calvinismo, ainda que esses sejam fatores importantes. Outra lógica passou a funcionar para os patrões: mulheres davam à luz, e gravidez, parto e os cuidados com bebês (dar de mamar etc.) eram obstáculos à necessidade dos capitalistas de ter trabalhadores eficientes e confiáveis.

Assim, capitalistas favoreciam trabalhadores homens, pagando-lhes salários maiores do a mulheres. Essa divisão aprofundou ainda mais a desigualdade que mulheres já sofriam com o fim das terras comunais e solidificou uma nova forma de família (a família "nuclear") e uma nova divisão de trabalho, a dona de casa.

O gerenciamento da sociedade

(Como a classe capitalista criou uma nova "moralidade de trabalho" na sociedade)

> *A burguesia não pode existir sem revolucionar continuamente os instrumentos de produção — ou seja, as relações de produção —, isto é, o conjunto das relações sociais.*

Como indiquei no último capítulo, é importante lembrar-se de que a burguesia era uma classe gerencial. Eles estudaram como aumentar a eficiência dos trabalhadores usando novos métodos científicos desenvolvidos por pessoas cujo sustento vinha dos capitalistas, que lhes pagavam por suas descobertas. Máquinas que precisavam de menos trabalhadores para produzir mais mercadorias, inovações como o vapor, e mais tarde a combustão e a eletricidade, e depois linhas de montagem e automação são todas o legado dessa pesquisa.

A lógica gerencial dos capitalistas não é apenas relevante para sua habilidade de gerenciar fábricas e outras indústrias, mas para gerenciar os próprios trabalhadores.

No começo do século XIX, centenas de cartilhas de moral foram escritas para ensinar aos pobres como ser melhores trabalhadores, como se tornar mais autodisciplinados e econômicos com seus salários, como agir de maneira civil em público e como evitar pecados como a bebida (que fazia os trabalhadores se atrasarem para o trabalho no dia seguinte). É provavelmente surpreendente para nós agora que tais cartilhas—e os diversos sermões de moralistas protestantes—também incluíam instruções sobre como as mulheres deveriam submeter-se a seus maridos e criar as crianças, além de instruções para que maridos pudessem gerenciar suas esposas.

O Calvinismo tornou-se a ideologia perfeita para a transformação das pessoas pobres desalojadas em engrenagens eficientes na máquina capitalista. Mas como tudo o mais que eles tocavam, a burguesia transformou o próprio Calvinismo em algo que pudesse ser exportado para sociedades não-calvinistas. Essa ideologia é comumente chamada de **"visão de mundo mecanicista"** porque sua principal metáfora era a máquina. Relógios, especialmente, tornaram-se as imagens mais utilizadas para descrever a ordem do universo. Deísmo, a teologia de tantos "patriarcas fundadores" dos Estados Unidos, via Deus como um "relojoeiro" que havia dado corda no universo e o colocado em movimento.

Em tal visão de mundo, "homens de ciência" viam seus papéis como simples reveladores das regras que Deus havia montado para o funcionamento da humanidade. O legado dessa visão de mundo continua conosco: a medicina moderna, a genética, a biologia e até mesmo ciências sociais como a psicologia e a história estão todas fundadas na ideia de que há leis naturais que determinam as interações e o desenvolvimento humanos. Teorias raciais e eugenia são ambas também legados dessa visão de mundo.

O resultado final de toda essa pesquisa, "escolarização" (educação compulsória começou nessa época) e profusão de novas leis contra condutas não-civilizadas foi o de educar e punir comportamentos humanos que não beneficiavam a nova ordem capitalista. Acordar cedo, ser diligente e cortês com seus chefes, não falar alto ou ser desobediente em lugares públicos e ser pontual foram apenas alguns dos valores que surgiram durante esse período, cada um deles ajudando a criar uma classe de trabalhadores mais disciplinada.

Esse "gerenciamento" do comportamento humano estendeu-se também ao estudo do movimento e eficiência humanos, dando origem a um preconceito sistemático contra pessoas que não eram capazes de trabalhar de maneira otimizada. Muito da nossa atual aversão social ou preconceito contra pessoas deficientes, por exemplo, pode ser traçado de volta à obsessão capitalista pelo corpo dos trabalhadores: o que lhes permitia serem boas engrenagens, o que lhes tornava ineficientes.

Gerenciando a divisão do trabalho: Gênero

Um tópico que merece um curso exclusivo é a maneira como a nova classe capitalista legislou divisões entre as classes mais baixas de acordo com raça, gênero e outras identidades.

Já havíamos olhado um pouco para isso com o "gerenciamento da família", em que pastores e escritores moralistas aconselhavam mulheres sobre como gerenciar seus lares e se submeterem a seus maridos. Os resultados dessas lições morais foram a criação de pressões conjugais sobre as mulheres (vindas de seus maridos e também das crianças) para que trabalhassem para eles, mas a pressão foi ainda maior no nível da sociedade.

Mulheres que não se preocupavam com suas famílias, não mantinham lares limpos e não cuidavam de seus maridos exaustos passaram a ser vistas como moralmente arruinadas e alvo de vergonha. Mulheres solteiras eram consideradas perigosas para a sociedade e sabotadoras potenciais de comunidades.

No período antes do começo do capitalismo, mulheres independentes eram normalmente acusadas de bruxaria. Com a substituição das visões de mundo mais antigas pela perspectiva mecanicista, mulheres continuaram a ser alvo de suspeitas, mas em lugar de serem acusadas de bruxaria elas eram normalmente diagnosticadas com histeria ou outros novos distúrbios médicos.

Enquanto que mulheres que não se submetiam à ordem dominante no período feudal e na transição ao capitalismo eram frequentemente queimadas na fogueira, sob o capitalismo elas passaram a ser hospitalizadas contra sua vontade e submetidas a experimentos médicos e "tratamentos" que deixariam a Inquisição orgulhosa. Eletrochoque, remoção do útero ou de outros órgãos reprodutivos femininos, tratamentos com novos "medicamentos" hoje em dia usados em guerras químicas e até lobotomias—foram todas práticas utilizadas para gerenciar mulheres que não se encaixavam nas normas burguesas.

Até mesmo mulheres que não passavam por quaisquer desses "tratamentos" aprendiam a lição exigida, assim como o chicoteamento público de um escravo serve como ameaça a todos os outros escravos, uma demonstração do que aconteceria se essas pessoas falhassem em suas funções.

Dividindo a classe baixa

Antes de falarmos sobre a maneira como os capitalistas gerenciaram os povos conquistados, muitos deles como escravos, precisamos discutir o papel que os homens desempenharam na subjugação das mulheres. Você pode estar se perguntando: onde estavam os maridos, irmãos, filhos, amigos e pais dessas mulheres que eram subjugadas a esses tratamentos? De fato, podemos fazer a mesma pergunta sobre os homens durante as caças às bruxas—como os historiadores demonstraram, realmente muito poucos homens intervieram para impedir a violência.

Uma resposta comum a essa questão é "o patriarcado", e que homens "sempre" subjugaram as mulheres.

Essa é a uma resposta insuficiente, no entanto, porque ao mesmo tempo em que parece explicar o problema de forma elegante e clara, ela não explica o que *realmente*

está acontecendo. Reduzir a questão a um princípio como esse também nos coloca muito perto da visão de mundo mecanicista, em que há leis inerentes da natureza que determinam o comportamento humano (neste caso, é a "natureza" física ou social dos homens de subjugar as mulheres).

Para uma resposta melhor, precisamos tentar ver o mundo do ponto de vista da classe dominante e de suas necessidades de explorar o trabalho para ganhar riqueza. E podemos observar isso melhor quando olhamos para uma prática comum em escritórios corporativos e empresas hoje.

Chefes frequentemente oferecem a certos empregados salários mais altos ou mais benefícios do que a outros trabalhadores, de acordo com sua lealdade percebida. Normalmente, lhes será dito que estão ganhando mais do que outros empregados e lhes será solicitado que não revelem seu salário a ninguém.

O benefício extra é uma tática gerencial, e bastante efetiva se seu objetivo é o de recompensar a lealdade e isolar trabalhadores desleais. A pessoa recebendo o benefício pode até pensar que é bastante injusto que eles estejam ganhando mais do que outros, mas provavelmente também precisam do dinheiro extra. Possivelmente vão manter segredo sobre o aumento e sentir uma lealdade a mais por seus chefes do que por seus colegas de trabalho. Podem até começar a confidenciar com seus chefes, a reportar colegas que estejam roubando ou não trabalhando tanto quanto se espera por seus salários. E também vão provavelmente ficar em silêncio quando um colega de trabalho é demitido injustamente.

Essa tática não é nova. Tem sido usada por governantes por milhares de anos. Donos de escravos romanos concediam a alguns escravos mais liberdade do que a outros em troca de ajuda para manter outros escravos na linha. Senhorias feudais concediam a alguns servos mais acesso ao feudo e tributos reduzidos como benefício por reportarem servos que estavam roubando. E nos latifúndios dos EUA,[17] "escravizados domésticos" também recebiam mais liberdade e melhor comida do que os "escravizados de campo" para conquistar sua lealdade.

Em cada um desses exemplos, é fácil ver por que uma certa parte da classe baixa aceitaria esse pacto diabólico. Conseguir melhores condições de vida (maior pagamento, menos surras) para si mesmo é obviamente desejável. Quando essas melhores condições vinham a custo de outras pessoas, apenas resistência moral frequentemente não é suficiente para impedir que uma pessoa aceite tal acordo. É apenas quando você já tem uma lealdade forte (através do amor, da comunidade etc.) com aqueles que seriam prejudicados pela sua aceitação da barganha que a recusa torna-se fácil.

Dividir a lealdade dos trabalhadores é uma habilidade essencial de gerenciamento para um capitalista, assim como para as senhorias feudais e escravagistas, para os governantes de cidades e os bispos da Igreja. Dar a um grupo mais acesso a liberdade e riqueza do que a outros grupos é a melhor maneira de realizar isso, especialmente quando você constrói uma ordem moral que solidifica as diferenças entre esses grupos.

Tanto no catolicismo quanto no calvinismo, as mulheres eram vistas como mais fracas e moralmente mais frágeis, bruxas ou histéricas ou sedutoras cuja capacidade de desestabilizar a vida dos homens era incontrolável. Conceder aos homens a liberdade de não serem queimados na fogueira em troca de seu silêncio funcionou, assim como conceder aos homens salários mais altos e mais acesso a riqueza no nosso período moderno funciona.

17. Ainda que seja difícil determinar a quantidade de trabalho de um "escravizado doméstico", é certo que essa tática também foi aplicada no Brasil, e com resultados similares.

Gerenciando a divisão do trabalho: Raça

Com isso em mente, podemos agora olhar para a construção da raça.

Em primeiro lugar é incrivelmente difícil sustentar a verdade de que **raça como uma categoria humana é uma ideia bastante nova.** Não havia pessoas "brancas" e pessoas "negras" na idade Média europeia (ou em nenhum outro lugar, aliás), assim como não havia nenhum enquadramento para ver tal divisão de pessoas exceto pela religião.

As raízes da concepção capitalista de raça são encontradas em uma doutrina católica que via todas as pessoas batizadas como parte de uma "comunhão" e todo resto como parte de outra. Se você estivesse nessa comunhão, estaria protegido pelas leis morais da Igreja. O assassinato ou a escravização de outro cristão eram "pecados" que poderiam resultar em excomunhão, mas essa punição não se estendia aos mesmos atos cometidos contra povos não-batizados do resto do mundo.

Assim, as Cruzadas eram "corretas" porque eram matanças realizadas contra descrentes fora da comunhão, e o mesmo valia também para os massacres realizados por colonos cristãos na África, Ásia e nas Américas.

Uma verdade difícil a que isso tudo aponta é que a **escravização e o massacre de povos indígenas não foi efetuado sob o âmbito de raça.** Raça ainda não existia: a justificativas moral para esses horrores era a de que essas pessoas que sofreram não eram cristãos. No entanto – conforme a dominação da Igreja começava a se apagar, governantes e aqueles envolvidos no gerenciamento de tráficos de escravizados e colônias precisaram encontrar um novo enquadramento moral para continuar essa exploração. Raça serviu a essa necessidade perfeitamente e ajudou a satisfazer outra necessidade: impedir que os explorados se unissem contra seus patrões.

Nas colônias da América do Norte e do Caribe, administradores coloniais começaram a ver enormes revoltas compostas por africanos escravizados, povos indígenas e imigrantes pobres vindos da Europa. Muitos desses imigrantes, lembre-se, haviam recentemente sido removidos à força de suas próprias terras na Inglaterra, Irlanda e Escócia e no País de Gales durante os cercamentos e tinham pouca lealdade pelos administradores coloniais (muitos dos quais haviam administrado os cercamentos!)

Ainda que suas condições fossem de alguma forma melhores que a dos escravos nas colônias, eles tinham mais coisas em comum com os escravos do que com as pessoas que governavam a ambos. Trabalhadores e escravizados mantinham relações sexuais entre si, aprendiam uns com os outros e em muitos casos deixavam as colônias juntos, criando comunidades que ameaçavam a estabilidade da extração de riquezas que as colônias representavam.

A primeira introdução legal do conceito de raça ocorreu nas colônias norte-americanas do século XVII. Leis foram aprovadas que proibiam a mestiçagem de imigrantes europeus com povos indígenas conquistados e africanos escravizados, assim como qualquer transferência de riqueza a estes grupos.

Em lugar de usar a palavra "cristão" ou "europeu" para definir aqueles que recebiam mais direitos, os administradores coloniais usaram a palavra "brancos", definindo-os pela cor da pele e não mais por sua religião.

O uso da palavra "branco" teve diversas implicações.

- Em primeiro lugar, representava uma forma bastante fácil para os governantes determinarem quem "fica" e quem "sai", especialmente já que muitos africanos e indígenas foram convertidos ao Cristianismo ou o misturado com suas crenças pagãs.
- Em segundo lugar, isso criou uma nova estrutura de divisão entre as classes baixas que não existia antes: ainda que certamente as condições de imigrantes europeus e de escravos advindos da África fossem diferentes, não havia antes qualquer senso de que isso devia à cor da pele.

• E, o mais importante para os governantes, "branco" ajudava os ricos a obscurecer sua própria exploração dos mais pobres, pois criava uma identidade partilhada entre ricos e um grupo dos mais pobres, uma identidade que os colocava juntos em oposição aos escravos e nativos de pele mais escura.

Como uma ferramenta gerencial, raça espalhou-se rapidamente pelas colônias e de volta à Europa, onde os "homens de ciência" começaram a "descobrir" as "diferenças naturais" entre raças. Medição de crânios e outras partes do corpo (se a vítima estivesse morta ou viva, não importava), experimentos em pessoas de pele mais escura e até mesmo tortura resultaram em novas categorias de diferença racial: mongóis, caucasianos, negros e depois muitas outras, todas acompanhadas de teorias esotéricas sobre suas origens, limites e capacidades de aprendizagem, obediência e trabalho.

As classificações nazistas de povos em raças e os horríveis experimentos forçados a esses povos antes de matá-los nos campos de concentração foram um legado desse processo, iniciado séculos antes. Da mesma forma, as teorias de eugenistas e cientistas contemporâneos que afirmam ter encontrado fraquezas e forças inerentes em grupos raciais são continuações das teorias de gerenciamento racial capitalista.

Assim como no caso do silêncio dos homens frente a tortura e assassinato de mulheres, aqueles identificados como "brancos" em sociedades capitalistas confrontam (e muito frequentemente aceitam) a barganha diabólica dos capitalistas.

Oferecer a parte das classes pobres mais benefícios ("privilégios") pela cor de sua pele é um preço pequeno que os capitalistas pagam pelo silêncio e cumplicidade as classes baixas "brancas", além de garantir que essa classe como um todo não se una contra eles.

Raça como uma ferramenta gerencial tem sido assustadoramente efetiva. Só precisamos olhar para a situação atual dos Estados Unidos para perceber seu poder[18]: não apenas pessoas brancas pobres e pessoas negras pobres raramente organizam-se contra os capitalistas, mas ambos normalmente culpam uns aos outros pelas raízes de seus sofrimentos. Na realidade, os capitalistas dependem fortemente de ódio racial para minar qualquer ameaça ao poder que têm, e um breve olhar na mídia capitalista (programas de notícias, televisão, filmes) mostra que eles gastam grandes quantidades de dinheiro para manter essa divisão. Essa mídia não é muito diferente das cartilhas de bons costumes dos séculos XVIII e XIX, uma propaganda para criar exatamente o tipo de trabalhador que os capitalistas requerem.

A sociedade do Mercado

(Como os capitalistas submeteram toda a vida humana ao imperativo do Mercado)

Chegamos agora à última seção do trecho citado do Manifesto Comunista, que contém a frase que dá nome a este curso.

> *Todas as relações sólidas e enferrujadas, com seu séquito de venerandas e antigas concepções e visões, se dissolvem; todas as novas envelhecem antes mesmo que possam se solidificar. Tudo que é sólido desmancha no ar, tudo que é sagrado é profanado, e as pessoas se veem enfim obrigadas a enxergar com olhos sóbrios seu posicionamento na vida, suas relações umas com as outras.*

18. A situação no Brasil, em que as elites capitalistas adotaram estratégias de mestiçagem, mas sempre com o objetivo de "embranquecimento", é um pouco menos explícita. No entanto, não menos eficiente: basta perceber que a maior parte da população encarcerada hoje no país é negra. Aqui os brancos não são jogados diretamente contra os negros, mas contam com policiais também negros para fazer o serviço sujo.

Os custos sociais do capital

Como vimos, a lógica gerencial da burguesia era mecanicista e influenciada por doutrinas calvinistas. Enquanto muitos (ou provavelmente a maioria) das classes capitalistas governantes atuais dificilmente se considerariam calvinistas, essa visão de mundo é a dominante nas sociedades capitalistas.

Podemos mesmo dizer que a visão de mundo capitalista nasceu da lógica calvinista e mecanicista, mas tornou-se algo que é hoje mais dominante do que ambas.

Eileen Meiksins Woods afirma em seu livro, *A Origem do Capitalismo*, que a maior diferença entre as sociedades capitalistas e todas as sociedades que existiram antes é o "imperativo do mercado." No capitalismo, o mercado determina todos os outros aspectos da vida social, de modo que tomamos nossas decisões e moldamos nossa existência em torno de suas demandas.

Isso é verdade na minha própria vida assim como provavelmente também na sua. Eu me mudei para a França ano passado porque não podia mais arcar com os custos de ter o tipo de vida que queria nos EUA e trabalhar ao mesmo tempo com o tipo de trabalho que queria realizar. Eu não conseguia ser um escritor e editor-chefe da Gods & Radicals em Seattle, uma cidade que amo de coração, porque o aluguel (determinado pelas forças do mercado) é demasiadamente alto, assim como o preço da comida (o mercado) e os custos de um fim de tarde em um café ou bar (novamente, forças do mercado). E deixar Seattle para ir à França exigiu deixar para trás muitos amigos e pessoas queridas, o que significa que o mercado de locação imobiliária e meu próprio "nicho de mercado" determinaram com que pessoas eu conviveria.

Não apenas onde moro e quem eu sou podem ser determinados pelo mercado, mas seu próprio imperativo também determina o que eu faço e crio. Este curso que estou dando? Queria fazer isso há anos, mas como não podia arcar com o tempo gasto para escrever este livro, só consegui realizar o curso agora.

Note a palavra que usei no último período: gasto. Nós "gastamos" e "economizamos" e "compramos" tempo; nós "prestamos"[19] atenção. A lógica do capital molda a maneira como vemos nosso tempo nesta terra ao ponto de falarmos dele nos termos do mercado.

Isso ocorre não apenas em inglês: em francês, não há uma maneira fácil ou direta para dizer que você "aproveitou" sua experiência com alguém sem uma linguagem econômica. Diz-se "J'ai profité des temps avec toi" (Eu lucrei com tempo passado com você) ou "J'ai apprécié" ("apreciar", o que significa "assinalar valor crescente", da mesma forma que uma casa se "valoriza" com o tempo).[20]

Até quem escolhemos amar é moldado pelo mercado capitalista. Quantos problemas nos relacionamentos ocorrem por causa de dinheiro? Quantas relações terminam ou nem começam por conta de status econômicos em conflito? E quanto do que escolhemos focar em nossas vidas é limitado pelo que podemos ou não "arcar"?

Assim como nossas vidas pessoais, a maneira como vemos o resto do mundo também é moldada pelo imperativo do mercado. A natureza sofre particularmente bastante com isso. Incontáveis florestas e espécies inteiras de plantas, animais e insetos desaparecem da face da terra a cada ano porque o "valor de mercado" dessas coisas era maior que o valor que dávamos à continuação de suas existências.

Em sociedades não-capitalistas, o mundo natural não era uma coisa a ser comprada e vendida. Culturas animistas viam o mundo cheio de espírito ou espíritos, pessoas com

19. No original em inglês, o verbo utilizado é "pay", que significa "pagar"

20. O verbo em inglês para "aproveitar" é "to enjoy", cuja raiz "joy" o coloca definitivamente no campo semântico do prazer. O verbo "aproveitar" em português parece sofrer do mesmo problema que encontramos em francês: sua raiz liga-se aos sentidos de utilidade, de valorização. .

suas próprias existências que não podiam ser reduzidas ao preço que um ser humano pudesse pagar. Uma montanha não poderia ser explodida para minerar carvão porque a montanha era um ser em si mesma, algumas vezes uma divindade, algumas vezes um ancestral, mas nunca uma coisa a ser submetida às atividades econômicas das pessoas.

Mesmo dentro da Europa essa visão existia, persistindo inclusive durante o período feudal e sob a dominação da Igreja Católica. Quando Martinho Lutero e João Calvino mobilizaram-se contra a Igreja Católica durante o século XVI, eles condenaram padres por ainda permitir que camponeses acreditassem que as florestas estavam cheias de espíritos. O catolicismo havia tolerado crenças pagãs que persistiam na Europa; as revoltas iconoclastas (um movimento de calvinistas que destruíam estátuas de santos, derrubavam monolitos e demoliam poços sagrados) foram esforços físicos para erradicar tais crenças mais antigas. Mas fora da Europa, especialmente nas Américas do Sul e do Norte, missionários tanto católicos quanto protestantes e administradores coloniais utilizaram de educação forçada, sequestro de crianças e tortura para destruir essas visões de mundo mais velhas.

"Tudo que é sagrado é profanado, tudo que é sólido desmancha no ar." Essa é a magia negra do capitalismo, o poder esotérico por trás do imperativo do mercado e da exploração do mundo. Varre todas as "relações sólidas e enferrujadas" dos seres humanos entre si e dos seres humanos com o resto do mundo, com seu "séquito de venerandas e antigas" opiniões sobre o que é realmente valioso e o que não deveria ser destruído. E somos deixados agora para confrontar "com olhos sóbrios" nossas reais condições de vida e nossas reais condições uns com os outros.

Questões e leituras complementares

1. Somos frequentemente ensinados a ver o fim do Feudalismo como um ganho concreto para a humanidade, mas de diversas formas pode-se dizer que um sistema terrível foi substituído por outro. Como a dominação do sistema capitalista atual difere da dominação das senhorias feudais? E como são uma mera continuação do mesmo?

2. A perda das terras comunais foi vista como um crime contra mulheres não apenas por feministas marxistas. Mulheres ativistas indígenas, especialmente no sul global, vêem os cercamentos capitalistas como uma guerra contra sua sabedoria e poder.

3. Muitos comportamentos que agora consideramos decentes, educados ou civis são um legado do esforço calvinista/capitalista pela moralidade. Desodorantes e banhos diários com sabonete, por exemplo, tornaram-se "normas" culturais apenas recentemente. Se você se considera "classe média", quanto da sua percepção sobre a higiene e os comportamentos sociais dos mais pobres pode ser parte desse legado? E quais outras normas sociais ele poderia incluir?

4. A abordagem marxista e a abordagem de justiça social ambas têm coisas muito similares a dizer sobre opressão baseada em identidade, mas normalmente chegam a conclusões diferentes sobre o que fazer quanto a isso. Eu apresento aqui a visão marxista - como isso se compara ao que você havia aprendido em outros lugares sobre justiça social, privilégio, racismo etc. Você considera a abordagem marxista menos adequada, mais adequada ou algo entre os dois?

5. O "desencantamento do mundo" é algo contra o qual pagãos lutam ativamente. Como esse desencantamento se relaciona com a visão "mecanicista" do mundo?

6. A realidade de que "raça" é uma criação muito recente é difícil de ser compreendida, especialmente já que, como o capitalismo, o racismo parece ter sempre existido. Mas o fim do capitalismo não vai necessariamente significar o fim de cada opressão gerencial que os capitalistas criaram. O que você acha que seria preciso para desfazer esse legado?

Leituras complementares

Leve:

• *In Praise of the Dancing Body*, um ensaio que Silvia Federici escreveu para Gods & Radicals, *abeautifulresistance.org (22/08/2016)*

• A História 100% Verdadeira da Escrita do Manifesto Comunista (história em quadrinhos do Existencial Comics): *existentialcomics.com/comic/203* ("duende",[21] aliás, vem do erro de tradução hilário do Manifesto Comunista, que começava: "Um duende ronda a Europa – o duende do comunismo...")

Moderada:

• Salários contra o trabalho doméstico, um manifesto de Silvia Federici escrito no final da década de 70, *autonomistablog.wordpress.com (15/08/2016)*

Intensiva:

• O programa marxista do partido dos Panteras Negras, de um de seus co-fundadores, Huey P. Newton: "1969 Huey P. Newton Essay from Ebony Magazine," *pt.scribd.com* (Disponível também aqui: *spfr.noblogs.org/sagradoeprofanado*)

21. O erro de tradução foi do alemão para o inglês, em que se usou inicialmente a palavra "hobgoblin", traduzida para o português como "duende". Hoje as edições em inglês e em português preferem o termo "espectro" ou "fantasma".

Capítulo Cinco: O que podemos fazer?

Nos quatro capítulos anteriores vimos o que Marx e aqueles que o estudam têm a dizer sobre como o capitalismo funciona, como surgiu, como nos explora e como administra nossas relações. Neste capítulo final, veremos o que Marx e outros sugerem que façamos, como podemos lutar contra o capitalismo e o que podemos construir em seu lugar.

Os capitalistas ganharam...

Talvez neste ponto pareça que qualquer resistência aos capitalistas seja fútil. Temos sobre nós centenas de anos de opressão sistemática, divisões de raça e de gênero e governos poderosos com forças militares e policiais prontas para prevenir qualquer levante em qualquer parte do mundo.

O que ainda poderia ser feito? Como podemos ter a esperança de desfazer esses legados, especialmente quando vimos que tantas das tentativas prévias de acabar com o capitalismo falharam?

Quando Marx escreveu *O Capital*, ele vivia em uma uma era similarmente deprimente. O próprio Marx estava constantemente em fuga, mudando de cidade em cidade porque os capitalistas desse tempo convenceram reis e governantes a expulsá-lo de suas terras. Jornais que ele havia criado foram criminalizados e cópias tomadas pela polícia, e os manuscritos frequentemente precisavam ser contrabandeados para chegar à imprensa (um problema enfrentado por muitos outros radicais políticos na época).

Hoje em dia não precisamos lidar com tais perigos. Dificilmente alguém vá censurar este curso, tomar todas as suas cópias e me forçar a fugir de onde vivo porque consideram estas ideias perigosas demais.

Superficialmente, o fato de que não precisamos nos preocupar com censura ou prisões pode dar a impressão de que nossa era moderna seja mais livre. Uma realidade mais sombria é mais provável, no entanto: os capitalistas já não veem Marx e suas ideias como uma ameaça.

De seu ponto de vista, eles ganharam, ao menos nas assim chamadas nações democráticas do mundo. Nenhum desafio significativo ao poder do capitalismo ocorreu nos Estados Unidos nos últimos cinquenta anos. As péssimas falhas do comunismo estatal (a União Soviética, o bloco comunista dos Estados do leste europeu) fez com que muitos declarassem a era de Marx como terminada. Movimentos marxistas nas Américas do Sul e Central foram repetidamente esmagados (normalmente pela intervenção militar dos EUA), e onde quer que ideias marxistas reaparecem nas mentes das pessoas, elas são rapidamente destruídas.

As análises de Marx podem estar corretas, mas até agora ninguém foi capaz de fazer com que uma alternativa ao capitalismo tenha sucesso. Por um lado, vemos governos totalitários aparecerem sob a bandeira dos "trabalhadores" e subsequentemente reproduzirem todos os horrores do capitalismo; por outro lado, grupos marxistas como os Panteras Negras dos EUA perderam seus líderes em assassinatos e encarceramentos, e foram infiltrados pelo FBI.

Pode parecer que o capitalismo nunca será parado.

...Mas outro mundo ainda é possível

Lembre-se, no entanto, do que aprendemos no capítulo três, sobre as duas maneiras de ver a história.

Na Narrativa Progressista do capitalismo, o presente matou o passado. Tudo que veio antes deste momento era mais fraco, primitivo, obscuro, e agora vivemos em uma época melhor que só tende a melhorar. Nessa narrativa, as ideias de Marx pertencem ao lixo da história, junto com todas aquelas ideias que tínhamos no passado: animismo, paganismo, costumes indígenas, respeito pela natureza e modos de viver em que o mercado não dominava cada aspecto de nossas vidas. Se a Narrativa do Progresso estiver correta, então realmente o marxismo falhou e deveria ser esquecido.

Por outro lado, se a Narrativa do Processo estiver correta, então assim como todo o resto pelo qual os humanos lutaram, uma vida sem capitalismo não é apenas possível como provavelmente inevitável. Nenhum império durou para sempre, e nenhum sistema econômico foi capaz de dominar o mundo por mais de um punhado de séculos. Antigas formas de pensar e de ser nunca desaparecem completamente: elas persistem como processos, como "presenças", e não apenas do tomos empoeirados da história. Se a Narrativa do Processo da história estiver correta, então ainda há esperança para nós, ainda há uma razão para lutar e para resistir.

As contradições do Capital

O que Mudanças Climáticas, a terceirização de mão-de-obra barateada do Sul Global, os colapsos bancários e do mercado imobiliário do final da última década, Brexit e as recentes tensões militares na Síria têm em comum?

São todas crises causadas pelas contradições do Capital.

No entendimento marxista da história, o capitalismo é criado através de processos e é ele mesmo um processo que constantemente destrói o mundo natural. Sendo um processo, no entanto, **o capitalismo tem certas contradições internas que estão sempre ameaçando terminar com seu reinado, contradições que sempre levam a crises.**

Marx identificou uma série dessas contradições.

- A primeira é que o lucro dos capitalistas é sempre limitado pelos salários pagos às pessoas trabalhadoras, tanto nas camadas mais altas quanto nas mais baixas.
- A segunda, que é relacionada à primeira, é que há limites "naturais" de consumo e de recursos naturais: trabalhadores só podem consumir até não poderem mais consumir, e há uma quantidade finita de matérias primas no mundo para produzir coisas.
- E a terceira é que a necessidade constante de "revolucionar os meios de produção" cria uma classe trabalhadora com acesso crescente a meios para se revoltar.

Cada uma dessas contradições resulta em uma crise para o capitalismo, e Marx afirmava que é nesses pontos de crise que o capitalismo pode ser destruído.

Vamos primeiro olhar para cada uma dessas contradições, em seguida para cada crise que resulta delas e então falar sobre o que podemos fazer com isso.

Contradição nr. 1: Salário X Lucro

Para acumular mais riqueza (capital), pessoas ricas precisam comprar trabalho da classe trabalhadora para transformar matéria bruta em produtos que possam ser vendidos em seguida para o consumo. Isso é tão verdadeiro para o dono de um agronegócio ou uma fábrica quanto para o dono de um restaurante ou uma empresa de tecnologia. Quer sejam legumes, carros, refeições ou aplicativos de celular, o imperativo do capitalismo é vender o que trabalhadores produzem.

Para quem os capitalistas vendem essas coisas, afinal? Oras, para a própria classe trabalhadora—pessoas que estão empregadas por capitalistas para produzir para elas. Esse fato cria um problema desconfortável para a classe capitalista, porque para lucrar com as classes mais baixas, essas mesmas classes precisam ganhar dinheiro o suficiente para comprar tais produtos em primeiro lugar.

Um capitalista precisa reduzir custos de trabalho (salários) até o valor mais baixo possível para lucrar da produção de um trabalhador. No limite, capitalistas nunca podem pagar aos trabalhadores o tanto de dinheiro que ganham com a venda de sua produção, ou não haveria lucro.

No entanto, se capitalistas como uma classe (não apenas alguns indivíduos capitalistas) pagam seus trabalhadores menos do que custo de sua produção, então nem todos os produtos sendo vendidos podem ser comprados.

Para entender exatamente como isso funciona, vamos imaginar uma vila isolada com 21 pessoas. Elas não fazem comércio ou trocam com outras vilas, e por isso sua produção e consumo ocorrem dentro de um sistema fechado.

Das 21 pessoas, uma delas (vamos chamá-la de Becky) tem a propriedade de todas as terras e emprega as outras vinte no cultivo de vegetais. Essa pessoa, a capitalista, paga a cada uma das outras um salário de um dólar por ano, o que significa que ela gasta um total de vinte dólares em salários todo ano.

Assumindo que não há outros capitalistas, e ninguém tem economias guardadas, há agora um total de vinte dólares distribuídos pelos bolsos dos trabalhadores da vila. Becky precisa recuperar o dinheiro que ela gastou com salários, e precisa fazê-lo vendendo os vegetais que todos os trabalhadores cultivaram para ela. E também quer ter um lucro de um dólar (Becky ainda não é uma capitalista muito gananciosa).

Você vê o problema? **Se há somente um total de vinte dólares em circulação na vila, o máximo que ela pode ter de retorno dos trabalhadores é vinte dólares.** Literalmente não há mais dinheiro que isso na vila.

Becky não pode lucrar apenas vendendo às pessoas trabalhadoras o que elas produziram para ela, porque não pode aumentar os preços dos vegetais para além da quantidade de dinheiro disponível. Mas também Becky não pode lucrar reduzindo o salário de trabalhadores, porque isso reduziria a quantia de dinheiro que têm para comprar seus produtos.

Se ela cortasse pela metade o que paga às pessoas trabalhadoras, então haveria apenas metade de dinheiro disponível para que pudessem comprar seus produtos. Novamente, não há lucro.

Só há duas maneiras para que ela possa aumentar seu lucro em uma situação assim, mas ambas são apenas truques de curto prazo que adiam o inevitável.

Truque nr. 1: expandir para deslocar o problema

A primeira maneira é deslocar o problema buscando outra vila onde vender seus vegetais. E digamos que tal vila exista: há vinte trabalhadores lá com um dólar cada um, que ganham do capitalista de sua própria vila (vamos chamá-lo de Bob). Então se ela vende seus vegetais a pelo menos um deles, finalmente ganha seu um dólar de lucro.

Bob, o capitalista da segunda vila, tem o mesmo arranjo que Becky. Ele paga a seus trabalhadores um dólar ao ano para produzir vegetais e também quer um dólar de lucro. Mas agora que Becky tirou um desses dólares dele para lucrar, Bob só consegue recuperar 19 dólares dos trabalhadores da segunda vila. Não apenas ele não está lucrando, mas também está perdendo um dólar, o que significa que no ano seguinte ele só será capaz de pagar um máximo de 19 dólares em salários.

Isso reduz a quantidade de dinheiro em circulação. Se Becky continuar a deslocar seu problema vendendo o excesso de vegetais nessa segunda vila, ela pode continuar lucrando por alguns anos. Mas eventualmente vai esgotar a oferta de dinheiro. Ela estará de volta à situação inicial, e Bob terá falido.

Ou seja, ela apenas deslocou o problema ao expandir para outro mercado, mas inevitavelmente esse mercado atinge o mesmo limite.

Truque nr. 2: Manipulação do câmbio

Existe outra solução de curto prazo: manipular o valor do câmbio de forma que a quantia aparente na vila é sempre maior do que o quanto o capitalista está gastando com salários. Imagine que um dólar extra de repente apareça no bolso de um dos trabalhadores da vila. Agora, há 21 dólares na vila, e se os trabalhadores gastarem todo o seu dinheiro com os vegetais de Becky, ela terá conseguido lucrar. Mas como você faz um dólar aparecer magicamente do nada no bolso de alguém?

Crédito é uma maneira de aumentar o dinheiro em circulação fora dos salários e das vendas de produtos. Indivíduos tomam empréstimos de bancos com a promessa de pagar no futuro mais do que foi pego emprestado, e então usam esse dinheiro emprestado para comprar coisas que os capitalistas lhes vendem. Isso significa que o dinheiro que os bancos estão emprestando aos trabalhadores está na realidade indo para os capitalistas, já que tais trabalhadores acabam gastando o dinheiro emprestado. Mas, claro, não são os capitalistas os responsáveis por pagar a dívida, são as pessoas trabalhadoras. E sua única maneira de pagá-la é através de seus salários.

O problema aqui é que crédito não aumenta de fato a quantidade de riqueza na vila. Na realidade, ele desvaloriza a moeda ("inflação"), ao ponto em que o um dólar que os habitantes recebem da capitalista é capaz de comprar um pouco menos a cada ano. Isso porque a capitalista da vila vai aumentar o custo dos vegetais (já que ela quer ganhar ao menos um dólar por ano) enquanto mantém o salário que paga às pessoas trabalhadoras no mesmo valor. Assim, essas pessoas nunca serão capazes de pagar suas dívidas, e os bancos precisarão oferecer mais crédito para manter o lucro dos capitalistas.

Bancos não são os únicos a fazer isso, aliás. Governos criam papel moeda por meio de um processo similar, e todo esse dinheiro "criado" acaba indo para as mãos de capitalistas. Mas eles não estão aumentando de fato a riqueza de uma sociedade, apenas a quantidade de vezes que essa riqueza circula antes de ir para capitalistas.

Contradição nr. 2: Recursos finitos e concentração de riqueza

As vilas nesses exemplos eram ambas sistemas fechados. Ou seja, não estavam engajadas com comércio e trocas com o resto do mundo. Mesmo quando Becky, da primeira vila, começou a vender seus vegetais aos trabalhadores e trabalhadoras da segunda vila, ambos os lugares continuaram em um sistema fechado juntos.

Como vimos no exemplo das vilas, quando Becky começou a vender seus vegetais na segunda vila, ela foi capaz de aumentar temporariamente seu lucro retirando o lucro potencial de Bob e sugando riqueza da segunda vila. Se Bob não tentar expandir seu negócio para a vila de Becky e não pode impedir sua competição, ele vai terminar sem dinheiro para pagar seus trabalhadores, e estes vão terminar sem dinheiro para comprar os vegetais de Becky.

A única maneira para que ambos lucrem é encontrar uma terceira vila e competir lá, e então uma quarta e uma quinta e assim por diante até que tenham trazido o mundo inteiro para sua economia de mercado. Mas nesse ponto, não haverá mais nenhum lugar para expandir.

E essa é a chave para a segunda contradição do Capitalismo: **a quantidade de consumidores disponíveis para quem os capitalistas querem vender seus produtos é finita.** A terra é um sistema fechado; não há supermercados em Júpiter onde alienígenas vão em bando todo fim de semana para comprar coisas feitas por trabalhadores aqui.

No caso anterior, se Becky conseguir conquistar o mercado da segunda vila, o dinheiro de Bob vai eventualmente acabar. O que significa que ele não terá mais capital (Becky é dona de toda a riqueza agora!) e ele está falido. Mas isso também significa que pessoas trabalhadoras na segunda vila não têm mais o salário de Bob e, portanto, a não ser que Becky as empregue, não poderão mais comprar os vegetais de Becky.

Se Becky quiser que as pessoas da segunda vila continuem comprando seus vegetais, precisa contratá-las para cultivar vegetais para ela. Mas isso a coloca de novo na situação inicial, e agora ela precisa novamente expandir seus negócios para outra vila, e depois outra, destruindo com sucesso cada capitalista com quem competir.

Ao fazer isso, Becky torna-se mais e mais rica: a riqueza de todas essas vilas está gradualmente concentrando-se em suas mãos. Ao mesmo tempo, no entanto, a quantidade de trabalhadores de que ela depende para vender seus vegetais também aumentou. Mas já que há cada vez menos capitalistas para pagar salários a esses trabalhadores (lembre-se de que ela eliminou sua concorrência), Becky depende de poder continuar expandindo seus negócios para manter sua taxa de lucro.

Mas Becky vai eventualmente alcançar a última vila e o último capitalista. Quando o levar à falência, não sobra mais nada. Ela "ganhou", mas está também completamente perdida. Porque agora o sistema fechado de salários e consumo finalmente entra em ação; não há mais truques, não existem mais mercados a conquistar.

Tenha esperança: nós estamos agora nessa situação.

Quando ouvimos estudos informando que oito pessoas concentram 80% da riqueza do mundo, é isso que essa informação significa. Um punhado de indivíduos conquistou a maior parte das vilas do mundo, e eles estão no fim. Estão no limite da capacidade de expansão, e ao chegar cada vez mais perto desse limite, a quantidade de pessoas pobres no mundo também alcança um limite crucial.

Logo não teremos mais dinheiro para comprar o que se vende, e como os colapsos massivos do setor financeiro na última década mostraram, o sistema de crédito que temporariamente aumenta o dinheiro disponível para nós também está chegando ao limite.

Contradição nr. 3: A revolução dos meios de produção cria uma classe trabalhadora revolucionária

Este texto é um exemplo perfeito da terceira contradição do capitalismo. Foi escrito em um computador produzido pelo capitalismo, hospedado em sites controlados por corporações capitalistas, e você comprou o acesso a ele em um site de propriedade de capitalistas com cartão de crédito ou PayPal, processados por corporações capitalistas.[22]

No entanto, lembre-se: capitalistas não criaram esse curso ou qualquer uma dessas outras coisas de fato: as pessoas trabalhadoras criaram.

Cada uma dessas coisas foi e é possível sem o capitalismo. Mas como capitalistas forçam trabalhadores a produzir mais e mais coisas para vender, as próprias pessoas trabalhadoras acabam produzindo os meios pelos quais podem libertar a si mesmos de capitalistas—incluindo este texto.

Marx acreditava que, ao organizar o poder de trabalho dos seres humanos, os capitalistas estavam criando sua própria derrocada, uma derrocada que só pode vir a existir se as classes baixas do mundo—que estão produzindo tudo—finalmente perceberem que é seu trabalho que faz o mundo funcionar. Essa "consciência de classe" seria o primeiro passo para uma revolução de trabalhadores contra a classe capitalista. Se essa consciência fosse finalmente alcançada,

22. Este livro foi originalmente escrito e organizado como parte do material de um curso online criado pelo autor.

então a revolução ocorreria através dos próprios instrumentos que pessoas trabalhadoras produzem para pessoas capitalistas.

Imagine uma fábrica de armas, propriedade de um capitalista, que contrata uma centena de pessoas para fabricar armas e balas para ele. A centena de pessoas fabricando essas armas está literalmente produzindo aquilo que pode ser usado para uma revolução, mas apenas se essas pessoas finalmente entenderem o poder das armas que elas estão fabricando e perceberem que poderiam usá-las contra o proprietário juntas.

O mesmo vale para todas as outras coisas que trabalhadores e trabalhadoras produzem para indivíduos capitalistas. Agricultores migrantes que cultivam a terra de um grande agronegócio estão produzindo comida que poderiam comer e distribuir entre outras pessoas, mulheres em fábricas de tecido com péssimas condições de trabalho estão fazendo roupas para capitalistas, mas poderiam usá-las elas mesmas e doar a outras pessoas. Profissionais de T.I. estão fazendo aplicativos para corporações, mas poderiam fazê-los para outras pessoas, e médicas(os) e cozinheiras(os) estão fornecendo serviços que poderiam ser oferecidos diretamente a outras pessoas trabalhadoras, e não em restaurantes e planos de saúde corporativos.

Para extrair mais e mais trabalho especializado, capitalistas organizam trabalhadores de uma forma que é incrivelmente perigosa para os próprios indivíduos capitalistas. Os contadores e contadoras contratados para organizar as contas, os gerentes contratados para trancar a loja de noite, pessoas da área de engenharia de T.I. que fazem os programas operacionais para os servidores da Google—muito do trabalho que realizamos e vendemos para indivíduos capitalistas nos dá uma quantidade impressionante de conhecimento, acesso e poder sobre esses capitalistas. De fato, capitalistas não podem empregar trabalhadores sem dar a essas pessoas o acesso a esse poder—porque não haveria como elas aplicarem seu trabalho ao capital de outra forma. Mas ao conceder acesso a esse poder, capitalistas arriscam constantemente sua própria queda.

Um dos riscos mais cruciais com que capitalistas lidam é o de organizar pessoas trabalhadoras de uma forma em que elas começam a se comunicar entre si. Assim como a trama de revoltas de pessoas escravizadas e em servitude eram frequentemente discutidas nos campos de senhorias feudais ou latifundiárias, greves e sabotagem são normalmente discutidas em fábricas ou lojas ou restaurantes enquanto as pessoas estão trabalhando juntas na propriedade do indivíduo capitalista. A internet é outro exemplo disso: cada parte dela é propriedade de capitalistas, e ainda assim ela cria meios pelos quais trabalhadores podem comunicar seus desejos anticapitalistas entre si.

A perseguição de Ceridwen

Um aspecto importante da Narrativa do Processo (ou Materialismo Histórico especificamente) que eu ainda não mencionei é este: **contradições sempre buscam resolução.** Mas em vez de delinear a explicação Marxista um tanto quanto entediante e não muito clara, eis uma história gaélica que ilustra melhor esse ponto: a história de Ceridwen e Taliesin.

Ceridwen tinha duas crianças. A primeira delas era linda, a segunda feia e mal-formada. Ela amava ambas, mas lamentava quão atormentada a criança feia era por suas deformidades, e por isso buscou dar-lhe sabedoria, para que tivesse algo tão poderoso quanto a beleza.

Depois de consultar alquimistas antigos, Ceridwen descobriu uma poção que, depois de ser preparada por um ano e um dia, daria a quem a tomasse a sabedoria que ela buscava. Incapaz de mexer a poção por si mesma o ano todo, Ceridwen pediu para um garoto e um velho cuidarem disso por ela, e eles concordaram.

Um dia e um ano passaram, e a poção estava quase pronta. Mas o garoto que cuidava do caldeirão conseguiu que "acidentalmente" três gotas da preparação fossem parar na sua língua, e toda a sabedoria que estava destinada ao filho deficiente de Ceridwen foi em vez disso para este garoto. Percebendo que ela ficaria furiosa, o garoto fugiu, usando essa sabedoria roubada para se metamorfosear em outras coisas e se esconder de Ceridwen. No entanto, Ceridwen era uma feiticeira e também se metamorfoseou, transformando-se em algo que pudesse capturar a forma que o ladrão tinha adotado.

Assim a perseguição durou por muito tempo, mas finalmente o garoto se transformou em uma semente que Ceridwen, na forma de um galo, comeu. Essa semente, entretanto, cresceu dentro dela como uma gravidez até que Ceridwen deu a luz a uma criança: o mesmo garoto que lhe havia roubado a sabedoria. Desta vez, já que ele agora era seu filho, Ceridwen não o matou, mas meramente lhe enviou rio abaixo em uma cesta para ser criado por outras pessoas.

A perseguição em metamorfoses entre Ceridwen (uma deusa da sabedoria, beleza e morte) e o garoto (chamado Taliesin) descreve como Marx via as contradições do capitalismo. Enquanto Taliesin tentava fugir de seu fim inevitável, buscou mais e mais "inovações" para escapar, mas uma crise sempre ocorria: Ceridwen mudava de forma, tornava-se exatamente aquilo que poderia finalmente capturá-lo. O Capital (toda a riqueza roubada que deriva de nosso trabalho) muda constantemente de forma, tenta encontrar uma nova maneira de escapar a inevitabilidade da justiça. Em algum ponto, não haverá mais metamorfoses possíveis para escapar dessas crises, e o Capital será consumido pelas pessoas de quem roubou.

Quando marxistas dizem que o fim do capitalismo é "inevitável," eles e elas não dizem isso no sentido em que pessoas cristãs dizem que o retorno de Jesus é inevitável. Ao contrário, isso significa que o capitalismo é uma contradição em busca de uma resolução, e nos pontos de crise que ele cria reside a chave para seu fim.

Vamos analisar esses pontos de crise.

Ponto de Crise nr. 1: Moeda e débito

O principal método usado para manter uma fonte constante de consumidores é a manipulação da moeda através de crédito e agências bancárias centrais (públicas). Nos Estados Unidos, o tesouro nacional imprime e destrói dinheiro em um ritmo cuidadosamente controlado para garantir que a oferta de dinheiro na economia sempre cresça mas nunca ao ponto em que a inflação cause o colapso da economia.

Se você é familiar com o que aconteceu na república de Weimar em Berlim antes dos nazistas tomarem o poder, vai compreender o quão cuidadosos precisam ser quanto a isso. Inflação descontrolada pode fazer um governo cair em questão de semanas ou até dias, porque os governos usam moeda corrente para pagar os soldados e a polícia que mantém o sistema e impede ameaças internas.

A manipulação do dinheiro disponível garante que sempre haja um pouco de "riqueza" extra para ser paga aos capitalistas todos os anos, mas essa riqueza não está ligada a nada real de fato. Ou seja, não há nada por trás do dinheiro exceto a fé de que o governo que o imprime sempre garanta seu "valor."

O sistema de crédito é ainda mais frágil. Em 2008 e em 2009, um colapso quase global das economias do mundo aconteceu por conta de bancos emprestando quantidades enormes de dinheiro a pessoas para a compra de imóveis. Com tanto crédito repentinamente inundando o sistema, mais pessoas começaram a comprar casas, o que causou com que os preços do mercado imobiliário inflassem. Especuladores (aqueles que compram coisas com o único propósito de revendê-las por um preço maior num futuro próximo) compraram casas por taxas ainda mais altas que pessoas trabalhadoras, e quando todos eles começaram a revendê-las de uma só vez o mercado imobiliário entrou em colapso.

Milhões de pessoas perderam dinheiro e casas, bancos multinacionais faliram ou foram "salvos" por governos e capitalistas demitiram trabalhadores em massa. Trabalhadores sem salário, no entanto, não podem comprar nada, o que significa que capitalistas começaram a perder dinheiro de vendas, o que os fez demitir mais trabalhadores, o que então... você entendeu.

Somente a intervenção de governos, que "compraram" a dívida dos bancos e corporações, parou essa crise, mas isso não terminou com o problema de base. Outros remendos também foram instalados, incluindo um sistema que temporariamente desligaria transações do mercado de ações se houver sinais de que outra crise como essa estiver ocorrendo. Ou seja: a economia ainda vai entrar em colapso, mas os ricos vão estar um pouco mais avisados.

Ponto de crise nr. 2: Guerra e mudanças climáticas

A segunda contradição do capitalismo, de que há sempre uma quantidade finita de riqueza a ser controlada pelos capitalistas e o capitalismo tende sempre a uma concentração de riquezas nas mãos de poucos, leva a uma crise que Marx previu apenas parcialmente.

Marx compreendia que a natureza finita da Terra levaria a um "declínio da taxa de lucro," que eventualmente se tornaria mais cada vez mais difícil para os capitalistas extraírem mais riqueza na forma de recursos e trabalho das pessoas e do planeta. Mas o que nem ele nem os capitalistas de sua época podiam prever era que a extração de recursos da Terra e os dejetos da produção industrial capitalista iriam em algum momento desencadear uma crise ambiental também.

Como mencionei, a Terra é um sistema fechado. Quando dióxido de carbono e outros gases do aquecimento global são liberados pela produção em fábricas (incluindo usinas elétricas movidas a carvão) e pelo consumo (particularmente motores de combustão em automóveis e agropecuária[23]), não há nenhum outro lugar para esses gases irem.

Assim como não há shopping centers em Júpiter onde os capitalistas da Terra possam vender seus produtos excedentes, não há chaminé alta o suficiente para expulsar o excedente de CO_2 que o capitalismo produz. Em vez disso, esse gás permanece na atmosfera capturando luz solar, que superaquece a Terra, derrete calotas polares e causa um absoluto estrago em todos os ecossistemas vivos, aos quais os seres humanos estão também conectados.

Cientistas normalmente chamam a essa era de **"Antropoceno"**, o que significa que é a primeira vez na história da Terra que as atividades humanas têm mais efeito no planeta do que qualquer outro processo ou influência. A maioria dos cientistas ambientais, mesmo aqueles que não são necessariamente críticos ao capitalismo como sistema, concorda em datar o início do Antropoceno no nascimento do capitalismo industrial, por volta do século XVII.

A mudança climática é sem dúvida uma crise que confronta o mundo inteiro, especialmente pessoas pobres e aqueles que vivem no "Sul Global", onde governos e a população em geral têm menos recursos para combater os problemas que as mudanças climáticas causam. No capítulo três vimos por que tais populações e governos são mais pobres, e é uma ironia ainda mais trágica que a riqueza extraída deles durante a colonização (a acumulação primitiva) tornou-se a riqueza que os capitalistas usaram para causar o aquecimento global.

Ainda que seja uma crise para todo mundo, a mudança climática é uma crise particular para os próprios capitalistas.

23. (Edição/Revisão): Adicionamos a agropecuária como uma fonte de consumo que libera "gases do aquecimento global" em níveis tão altos quanto, ou que excedem, o de motores.

Com a morte de florestas e o desaparecimento de reservas de água, espécies inteiras e terra cultivável, e com cidades começando a inundar com o aumento dos níveis do mar, capitalistas estão tendo dificuldade para acumular mais capital.

Uma floresta destruída por doenças, seca ou incêndios não pode ser desmatada para produzir lenha e ser vendida para a construção de casas. Com a erosão da terra cultivável e a impossibilidade de agricultura em mais e mais lugares, menos produção de comida é possível através de meios capitalistas. Enchentes e outros desastres relacionados ao clima destrói diretamente fábricas, armazéns, casas e outras coisas que os capitalistas usam para ganhar mais capital, além de criar uma instabilidade profunda no mercado de trabalho, o que dificulta a contratação de trabalhadores.

Existem agora centenas de companhias de segurança, talvez milhares, que oferecem seus serviços aos ricos com promessas patenteadas de ajudá-los a "negociar os desafios" da crise climática (uma crise que os próprios ricos criaram!) e das outras crises iminentes causadas pelas contradições do capitalismo: guerra, terrorismo e outras "inseguranças" globais.

Guerra e capitalismo têm uma relação desconfortável. Por um lado, guerra cria interrupções nos mercados. É muito difícil para indivíduos capitalistas venderem seus produtos quando bombas estão caindo, e é igualmente difícil encontrar mão-de-obra quando a maioria dos trabalhadores está ocupado atirando em outros trabalhadores. De fato, se existe algo de bom a ser dito sobre indivíduos capitalistas, é que sua aversão a riscos e mercados instáveis faz com que seja menos provável que apoiem conflitos militares onde sua capacidade de lucrar possa ser ameaçada.

No entanto, a aversão ao risco não os impede de apoiar guerras – o ponto é que eles preferem guerras contra países mais fracos. Assim, indivíduos capitalistas dos Estados Unidos e do Reino Unido não têm qualquer problema com a invasão do Afeganistão ou do Iraque, mas dificilmente apoiariam uma guerra uns contra os outros ou contra a Rússia ou a China.

Por outro lado, você se lembra da Becky e do Bob? Se Bob tivesse construído um muro em torno de sua vila para impedir Becky de vender seus legumes lá, Becky teria atingido o limite natural de lucro mais cedo e falido. Mas se Becky contratasse um punhado de gente para destruir esse muro e matar quem quer que a tentasse impedir, ela poderia vender seus vegetais aos trabalhadores de Bob e impedir sua própria derrota.

Guerra e conquista sempre foram a maneira mais rápida (ainda que cara) de se acumular capital. Invada um país, aproprie-se de seu petróleo ou ouro ou urânio e você consegue imediatamente um monte de riquezas para utilizar em seguida como capital. Mas guerras e conquistas são também uma ótima forma de "abrir" mercados fechados para os capitalistas, e tornam-se uma necessidade quando eles enfrentam uma crise no seu lucro.

Assim, a contradição entre a necessidade dos capitalistas de ter crescimento infinito e a natureza finita dos recursos não resulta apenas na crise das mudanças climáticas. Resulta também em uma crise de guerras. Tanto guerra quanto mudança climática causam insegurança para indivíduos capitalistas, potencialmente destruindo seu capital, causando-lhes a perda de acesso a mercados e, principalmente, criando uma crise na mão-de-obra.

Em paralelo: A Revolução de Outubro

Em nenhum outro lugar essa crise de mão-de-obra foi melhor percebida do que na Revolução Russa de outubro de 1917, em que camponeses e trabalhadores derrubaram o governo czarista da Rússia. Inspirados pelos trabalhos de Marx e de anarquistas como Proudhon, essa revolução é significativa não apenas pelo Estado socialista que o substituiu (infelizmente, um Estado totalitário e opressor) mas também pelo seu momento.

O conflito militar global que começou na Europa em 1914 envolveu muitas nações (e suas colônias), incluindo a Rússia. O exército russo era o segundo maior envolvido na guerra, mas em novembro de 1917 (ou outubro, já que a Rússia na época usava um calendário diferente), comunistas, socialistas, anarquistas e outros derrubaram o governo e efetivamente terminaram com a participação da Rússia na Primeira Guerra Mundial. A guerra continuou por mais um ano, mas agora um dos lados tinha perdido um quarto dos soldados.

Há muitas razões para a Revolução Russa, mas guerra é sem dúvida uma das mais importantes. Como vimos no caso de pilhagens e conquistas, pagar e alimentar soldados custa um bocado de dinheiro. Não apenas os custos diretos dos soldados são altos, mas quando esses mesmos soldados estariam, em outra situação, trabalhando na produção de comida e outros produtos, os capitalistas enfrentam perda de lucro. Para compensar essas perdas durante a guerra, capitalistas e os governos que os apoiam colocam em prática padrões mais duros de produtividade, reduzem salários e benefícios e apagam garantias trabalhistas.

A exploração crescente de pessoas trabalhadoras junto com os custos de manutenção de um exército causaram uma crise na Rússia da qual pessoas revolucionárias souberam tirar proveito. O governo estava enfraquecido e tinha menos policiamento e soldados internamente disponíveis para protegê-lo, ao mesmo tempo em que a classe capitalista era fortemente odiada. Esses dois processos juntos indicavam que quando trabalhadores se ergueram contra o governo e pessoas ricas ao mesmo tempo, eles foram capazes de receber apoio suficiente de tantos setores da classe mais baixa que a revolução venceu.

Indivíduos capitalistas fora da Rússia aprenderam uma lição importante. Durante guerras, estão especialmente vulneráveis aos trabalhadores que exploram. Governos também aprenderam uma lição importante: durante uma guerra, a repressão de revoltas de trabalhadores dentro do país é vital para o sucesso da guerra fora do país. Assim, no início da Segunda Guerra Mundial, todas as nações (incluindo a já totalitária União Soviética) imediatamente prenderam dissidentes, anarquistas, pacifistas e estrangeiros que pudessem causar instabilidade.

Ponto de Crise nr. 3: Nós.

O último ponto de crise causado pelas contradições do capitalismo já foi discutido aqui com algum detalhamento: o "revolucionamento" constante dos modos de produção cria uma classe trabalhadora cada vez mais capaz de tomar os meios de produção para si mesma.

Quando eu tinha meus vinte e poucos anos, uma revolução parecia inevitável. Você talvez possa desculpar meu otimismo. Afinal de contas, eu morava em Seattle, que tinha acabado de ver um encontro de banqueiros internacionais, CEO's e líderes mundiais ser interrompido por 60 mil pessoas vestidas como tartarugas e fadas. Logo depois houve enormes protestos na reunião de cúpula da G8 na Europa, o começo do Fórum Social Mundial na América do Sul e protestos contra as convenções tanto do partido Republicano quanto do Democrata, manifestações contra as quais o governo estadunidense usou tanques.

Coletivos de mídia independente surgiram em cada grande cidade do mundo, novas cooperativas e redes de ajuda mútua e solidariedade nasceram, espalharam-se e comunicavam-se umas com as outras através de vastas distâncias de oceanos e culturas, e eu e todo mundo que conhecia podíamos repetir com Arundhati Roy: "Outro mundo não é apenas possível, ela já está a caminho. Em um dia calmo, posso ouvi-la respirando."[24]

24. A palavra "world" em inglês não tem gênero, mas Arundhaty Roy utiliza propositalmente o pronome feminino no lugar do neutro "it".

Duas décadas depois, o mundo parecia à beira de uma revolução que finalmente terminaria com o capitalismo e sua destruição sem fim de pessoas e do meio ambiente. E ainda assim, aqui estamos, em 2018, apenas um punhado de nós discutindo a abordagem anticapitalista marxista e se perguntando se isso ainda é relevante.

É difícil até de imaginar um outro mundo quando olhamos para o mundo à nossa volta agora. Vigilância ampliada, populações carcerárias enormes, assassinato de pessoas negras por policiais, crises massivas de refugiados, ocupações militares no Oriente Médio com a ameaça de mais guerras no horizonte.

E tudo isso com uma crescente concentração de riqueza nas mãos de muito poucos; precarização generalizada do emprego, com pessoas atuando em diversos trabalhos online e recebendo muito pouco; fechamento de fábricas e manufaturas físicas indo para mercados de trabalho mais baratos; e fascistas, supremacistas brancos e outros movimentos ultra-nacionalistas marchando pelas ruas e atacando imigrantes e ativistas com impunidade.

Aquela "outro mundo" parece dolorosamente distante agora, menos de duas décadas depois de quando todos acreditávamos que ela chegaria a qualquer momento. A questão é: **o mundo realmente estava à beira de uma revolução anticapitalista, e nós agora estamos vivendo em uma contra-revolução capitalista.**

Lembre-se como, na Narrativa do Processo, os eventos da história humana ocorrem não em uma progressão linear mas como um conflito de forças, processos e ações. Ao usar essa abordagem ao invés da Narrativa do Progresso capitalista, temos todas as razões para suspeitar que a militarização massiva das forças policiais e o crescimento da repressão governamental de dissidentes por todo o mundo seja uma reação.

Algo deixou pessoas ricas e poderosas preocupadas o bastante para investir seu capital em ferramentas de opressão, violência e controle, e esse algo era nós.

O que podemos fazer?

Pense como um capitalista por um momento e imagine o medo que pode ter invadido sua alma ao ver líderes de nações capitalistas encurralados em quartos de hotel enquanto 60 mil pessoas gritavam e cantavam e entoavam demandas para que parassem de explorar as pessoas. Imagine o gosto amargo ao escutar que cidades e governos estavam mobilizando tropas pelos distritos comerciais de cidades capitalistas "modernas" na Europa e nos Estados Unidos para impedir que as pessoas continuassem quebrando vitrines de Starbucks e Nike.

Imagine a ansiedade ao ouvir que movimentos indígenas na América do Sul tinha conseguido assegurar o controle de seus governos e recursos naturais[25] enquanto fábricas eram fechadas ou incendiadas nos mercados de mão-de-obra barata do Sudeste Asiático.

Imagine como deve ter sido escutar as pessoas, aonde quer que você fosse, sejam elas suas empregadas ou atendentes dos restaurantes que você frequentava ou as pessoas vendedoras das lojas em que você fazia compras, falando sobre você, sobre você e pessoas como você, e elas não tinham nada de positivo a dizer.

Onde quer que você fosse o que quer que você assistisse, você ouvia sobre mudanças climáticas, ou consumo excessivo, ou anarquistas, ou revoltas, ou revolução.

Pense como um capitalista ou um político, imagine como deve ter sido sentir que o mundo estava se voltando contra você e se pergunte: "o que eu faria?"

A resposta para essa pergunta está à nossa volta, a contrarevolução capitalista que mencionei. Foi assim que esses indivíduos nos pararam, como eles lidaram com a crise que vem da terceira contradição do capitalismo. Ao empregar nosso trabalho para lucrar com seu capital, eles inadvertidamente nos deram os meios para nos libertarmos de seu jugo. Assim como uma pessoa escravizada com um facão

25. Especialmente significativa como exemplo foi a chamada "Guerra da Água", em Cochabamba, Bolívia.

ou trabalhadores industriais em uma fábrica de armas, tínhamos em nossas mãos as armas que podíamos usar para nos libertarmos.

Os capitalistas, aterrorizados, viram isso e agiram contra nós. Novos sistemas de opressão, novos métodos de vigilância, forças de segurança e de policiamento mais insólitas, regulações mais estritas da mídia e de redes de comunicação—essas foram apenas algumas das maneiras com que eles impediram que déssemos a luz a um mundo onde não poderiam mais lucrar com nosso trabalho.

A história não se repete, mas está cheia de formas em repetição. Os processos e contradições que levam o indivíduo capitalista a seus pontos de crise não vão desaparecer simplesmente porque ele tenta impedi-los. Como opióides, essas medidas apenas suprimem os sintomas e suaviza a dor, uma dor que existe para avisá-lo de que há algo bastante errado que precisa ser enfrentado.

Comunismo

Marxismo é Comunismo, mas até esse ponto ainda não vimos de que se trata o comunismo. Deixei isso realmente para o final do curso especificamente porque é, mais do que qualquer outra coisa, aquilo que eu espero que você aproveite de minhas palavras.

Comunismo, de maneira simples, é um sistema em que trabalhadores têm coletivamente todos os meios de sua própria produção e distribuem todo o trabalho e bens de consumo de acordo com o princípio: "de cada qual, segundo sua capacidade, a cada qual, segundo sua necessidade".

Comunismo pode ser mais do que isso, mas nunca menos do que isso. Sistemas econômicos e políticos que dão às pessoas trabalhadoras apenas a propriedade parcial dos meios de produção (por exemplo, nações onde algumas indústrias são privadas e outras são estatais) não são comunistas. Podem ser socialistas, ou "sócio-democratas," mas a menos que toda a produção esteja nas mãos daqueles que estão de fato produzindo, essas sociedades ainda são capitalistas.

Da mesma forma, nações que "socializam" certos custos (como planos de saúde universais, seguro desemprego, renda básica universal ou universidades gratuitas) enquanto ainda protegem o interesse de capitalistas (por exemplo, lugares como a Suécia ou a França) também ainda são capitalistas.

O comunismo requer controle completo da produção e do trabalho pelas pessoas trabalhadoras por uma razão bastante simples: qualquer coisa menos do que isso ainda permite que capitalistas explorem as pessoas.

Na realidade, os interesses a longo prazo dos indivíduos capitalistas está mais protegido de fato em países com governos socialistas do que em lugares como os Estados Unidos. Porque os governos de tais países reduzem os custos em que os capitalistas incorrem na sua busca por lucro.

Exemplos de como isso acontece incluem:

- Planos de saúde universais ajudam os capitalistas a sempre terem uma força de trabalho produtiva e saudável.
- Renda básica universal, uma ideia fortemente elogiada por ultra-liberais, garante que capitalistas nunca se preocupem se os trabalhadores serão capazes de comprar seus produtos.
- Educação superior universal gratuita cria uma força de trabalho especializada e treinada para capitalistas explorarem.
- Programas públicos de seguro-desemprego providenciam alívio temporário ao dano que capitalistas causam aos mais pobres através de gentrificação, desocupação e outras mudanças do capital, mas na verdade não acabam com os danos.
- Até mesmo sistemas de transporte público ajudam os capitalistas, aumentando a área geográfica de onde podem extrair o trabalho de que precisam para aumentar seu capital.

Todas essas coisas são "boas". Juntas, elas criam sociedades mais seguras, mais estáveis e mais prazerosas de se viver do que em nações hiper-capitalistas como os Estados Unidos. Mas não importa o quanto cada um desses programas sociais seja aplicado, eles nunca poderão resolver os problemas básicos causados pelo capitalismo.

Além disso, há um lado mais sombrio dessas sociedades parcialmente socialistas que poucos gostam de admitir. Ainda que sejam lugares melhores para se viver do que os Estados Unidos, a prosperidade, o conforto e os padrões de vida mais elevados de países como França ou Suécia são em última instância pagos com o trabalho e o sofrimento de nações mais pobres. França, onde vivo agora, foi um poder colonial, e muitos dos belos lugares por caminho nessa cidade foram construídos com riqueza roubada da África. O mesmo acontece em todas as cidades europeias, assim como em todas as outras cidades "progressistas", "socialistas" e "tolerantes" do mundo.

O comunismo interrompe essa opressão, porque insiste que **todas as pessoas trabalhadoras, em todo o mundo, devem ser aquelas que decidem como distribuir a riqueza que criam.** Isso significa que as mulheres costurando camisetas em Bangladesh, as crianças minerando coltan na África, os trabalhadores e trabalhadoras montando iPhones em fábricas chinesas e os mexicanos e mexicanas colhendo vegetais sob o sol escaldante do Texas ou da Califórnia devem ser aqueles que decidem o que fazer com os bens que produzem, não o "mercado" nem os capitalistas que exploram seu trabalho.

Para chegar a tal ponto, precisaríamos de uma revolução no mundo inteiro, não apenas em uma cidade ou alguns países. Porque enquanto alguns capitalistas continuarem a ser capitalistas, seu imperativo de expandir para encontrar novos mercados onde vender e novas fontes de trabalho e recursos para explorar vai ameaçar as vidas do planeta inteiro com guerras e mudanças climáticas.

Marxismo Autônomo vs. Comunismo Totalitário

Todos os marxistas concordam nesses pontos. A maioria dos anarquistas, também. Onde todos divergem, no entanto, é em exatamente como implementar tal revolução.

Por exemplo, Lênin, Trotsky e Stalin acreditavam todos que tomar o controle do governo e utilizá-lo para implementar políticas marxistas era a única maneira de se defender de capitalistas internos e externos. O legado de suas tentativas foi catastrófico. A USSR rapidamente mudou de uma coleção de conselhos comunistas locais a um monstro totalitário que aprisionava e assassinava outras pessoas marxistas que discordavam, mesmo que ligeiramente, de sua visão. A China (que originalmente seguiu grande parte do programa leninista) transformou-se em um Estado capitalista industrial massivo ainda mais totalitário do que a União Soviética foi.

Outras interpretações da teoria marxista na prática evitam completamente as tendências totalitárias e opõem-se a qualquer tentativa de tomada de controle do Estado capitalista. Por exemplo, o programa revolucionário dos Panteras Negras defendia a dissolução do Estado e demandava que toda a autoridade fosse colocada nas mãos de grupos locais envolvidos diretamente nos assuntos a serem decididos.

Essa última interpretação é chamada de "Marxismo Autônomo", algumas vezes também de "Comunismo Libertário" ou "Anarco-Comunismo". Na visão daqueles que mantêm essas ideologias, qualquer tentativa de um grupo maior de controlar as ações de grupos menores repete a mesma exploração do capitalismo. Mais ainda, muitos movimentos indígenas marxistas seguiram essas ideologias.

Marxismo Pagão Autônomo

Essa foi uma introdução ao marxismo, e espero que agora você sinta que tem uma compreensão confortável sobre ele. No entanto, esse curso não pode fazer a revolução, e muito menos eu. Mas podemos começar uma. E vamos precisar de muita ajuda.

O primeiro passo para qualquer revolução é que as pessoas que estão sendo oprimidas e exploradas vejam a si mesmas como uma classe coletiva com interesses mútuos. Isso vale tanto para movimentos de libertação feminista ou negra quanto para revoltas anticapitalistas. Mas a melhor revolta anticapitalista, e na minha mente a única revolução anticapitalista possível, também buscaria a libertação de mulheres e populações negras e quaisquer outros grupos explorados pelos capitalistas.

A chave para criar essa solidariedade é também a rejeição da visão de mundo mecanicista que os capitalistas nos empurraram. Muitos marxistas e anarquistas infelizmente aceitam a perspectiva calvinista sobre a natureza, animismo e crenças religiosas, acreditando que visões de mundo pagãs e indígenas são "atrasadas" ou "primitivas". A aceitação dessa perspectiva tem significado que povos originários e outras populações colonizadas são diminuídos ou se espera que rejeitem suas culturas ancestrais para tornarem-se revolucionários.

Assim que pessoas suficientes compreenderem que sua opressão está ligada a outras opressões, consciência de classe pode surgir. Dessa consciência podemos construir poder, organizando-nos juntos contra a exploração, e começar a "tomar os meios de produção".

Tomar os meios de produção pode ser tão simples quanto recuperar terras para jardinagem e produção de comida, mas deve ser o suficiente para começar a apoiar pessoas fora dos modos de produção capitalista. Movimentos de "comida local", agricultura comunitária, jardins comunitários e cooperativas de comida são todos inícios desse processo.

Tomar os meios de produção, no entanto, envolve muito mais coisas, incluindo a tomada de restaurantes, fábricas, usinas de energia, oficinas e diversos outros lugares controlados por capitalistas. Nesse ponto, um marxismo pagão começa a divergir de outras versões urbanas de marxismo autônomo.

A maioria das pessoas marxistas imagina que precisamos tomar tudo que os indivíduos capitalistas controlam hoje e continuar com os mesmos níveis de produção (esse foi o erro fatal de Lênin). **O capitalismo produz um monte de coisas que não precisamos, e os capitalistas gastam trilhões de dólares em propaganda para nos persuadir de que precisamos delas.** Não apenas não precisamos de tudo isso, mas provavelmente nem queremos.

Tampouco a terra pode aguentar esse nível de produção. O capitalismo causou uma crise no clima, e destruir o planeta de uma maneira mais comunista em vez de capitalista significa que vamos todos morrer da mesma forma.

Isso significa que há muito menos meios de produção que precisamos tomar do que parece, o que torna o potencial para uma revolução comunista ainda mais possível.

E não precisamos começar essa revolução no mundo inteiro de uma só vez. Ela pode começar em alguns lugares e se espalhar, mas precisa se espalhar mais rápido do que a capacidade dos capitalistas de lutar contra, construindo ao mesmo tempo alternativas que possam resistir a quaisquer táticas contra-revolucionárias. Isso se chama estratégia de "poder duplo": a criação de estruturas organizacionais que compitam com sistemas capitalistas e que ao mesmo tempo forcem o capitalismo a entrar em crise.

O que acontece depois disso? Violência, provavelmente. Capitalistas não gostam de perder seu capital, e repetidamente se revelaram dispostos a contratar pessoas armadas para impedir qualquer ameaça. Esses indivíduos também dependem de que essas pessoas esqueçam que são trabalhadoras como nós e de que fiquemos tão aterrorizados com essas milícias que não as confrontemos.

E depois disso? Se vencermos, poderemos viver para nós mesmos de novo, usar nosso trabalho como escolhermos, oferecendo-o a outras pessoas de acordo com suas necessidades.

E se falharmos, tentaremos novamente. Como disse Ursula K. Le Guin:

> *Nós vivemos no capitalismo. Seu poder parece inescapável. Assim como parecia o direito divino dos reis. Qualquer poder humano pode ser resistido e desafiado por seres humanos.*

Questões e leituras complementares

1. Uma série de princípios econômicos esotéricos é abordada neste capítulo. Tente explicar brevemente as três contradições do capitalismo com suas próprias palavras.

2. Débito não é apenas um truque para manter a economia funcionando; ele também foi utilizado ao longo da história como uma forma de reduzir as pessoas à escravidão (escravidão por contrato e dívida de aprisionamento, por exemplo). Tente traduzir a dívida que você tem hoje em quantidade de horas de trabalho. Quantas horas você precisa trabalhar apenas para pagar bancos e outros credores?

3. O deslocamento capitalista de crises é normalmente geográfico. Por exemplo, a transferência da fabricação da Europa e dos EUA para o Sul Global foi uma maneira de deslocar a destruição ambiental para países com governos mais coniventes e de reagir a movimentos trabalhistas fortes nesses países de origem. De que outras formas você pensa que indivíduos capitalistas meramente movem suas crises ao redor do globo?

4. Se você trabalha para um empregador, pense de que maneiras lhe foi dado acesso a aspectos da produção que você subestima.

5. Quanto da sua vida depende de comprar serviços de outras pessoas? Por exemplo, o quanto você come em restaurantes em vez de preparar sua própria comida? Faça uma lista de habilidades básicas para as quais você depende de outras pessoas e considere aprender uma delas.

6. "Os meios de produção" começam com a terra. Procure pela sua vizinhança espaços onde você ou outras pessoas poderiam cultivar. E então procure câmeras de segurança, cercas e outros "cercamentos". Como as terras comunais são fisicamente cercadas à sua volta? O quão frequentemente os cercamentos estão em sua mente?

Leituras complementares

Leve:

• *Mad Marx*, um quadrinho do *Existencial Comics*: *existentialcomics.com/comic/186*

• Redes de Solidariedade, uma guia de organização entre amigos baseado em princípios comunistas: "Solidarity Networks", abeautifulresistance.org (12/11/2016)

Moderada:

• Um ensaio do antropólogo e anarquista David Graeber sobre como inovação tecnológica e capitalismo não combinam de fato. "On Flying Cars and the Declining Rate of Profit", *disponível aqui: spfr.noblogs.org/sagradoeprofanado*

Intensiva:

• "O clima da história", de Dipesh Chakrabarty. Um ensaio que examina a crise do Antropoceno como uma crise não só do capitalismo mas também das sociedades nele baseadas. *Disponível também aqui: spfr.noblogs.org/sagradoeprofanado*

Glossário de termos

Acumulação primitiva: Métodos de se ganhar riqueza (matérias primas, dinheiro, trabalho etc.) através de violência direta. A colonização foi um processo de acumulação primitiva, assim como escravidão, pilhagem, as Cruzadas e muitos outros processos similares.

Alienação do Trabalho: A condição em que trabalhadores não conseguem determinar o que é feito com sua produção. Também no sentido de falta de conexão entre trabalhadores e o poder de seu trabalho.

Burguesia: A classe capitalista que emergiu de sua posição como "administradores" do colonialismo europeu. A dominação da sua ética gerencial foi o que transformou sociedades em dependentes do mercado e causou a destruição de muitas maneiras de viver mais antigas.

Capital: Uma categoria de riqueza. Riqueza transforma-se em capital quando é investida em produção: ou seja, quando é investida na produção de mais capital. Assim, um milhão de dólares em um banco não é capital até ser usado para abrir, por exemplo, um restaurante.

Capitalistas: Pessoas que compram trabalho de empregados para aumentar seu capital. Esse mesmo capital lhes dá acesso aos meios de produção, que pessoas trabalhadoras não têm.

Cercamentos: Uma forma de acumulação primitiva em que recursos são separados dos pobres e transformados em propriedade a ser vendida e comprada. Cercamentos podem ser tão óbvios quanto uma cerca em volta de um campo aberto e tão sutis quanto uma patente corporativa de um método tradicional de cura.

Comunismo: Um sistema em que trabalhadores possuem coletivamente todos os meios de sua própria produção e distribuem todo o trabalho e os produtos de acordo com o princípio "de cada qual, segundo sua capacidade, a cada qual, segundo sua necessidade".

Contradições do capitalismo: Conflitos internos entre o que é necessário para a expansão do capitalismo e o resultado dessa expansão. Essas contradições causam crises que estão constantemente ameaçando terminar com o capitalismo.

Escravidão: A extração de trabalho de pessoas pela força ou sem o pagamento de um salário. O exemplo mais significativo de escravidão na história é a em que pessoas da África e de outros lugares foram sequestradas, transportadas a latifúndios e forçadas a trabalhar para seus proprietários sem serem pagas. Como as pessoas em servitude no feudalismo, elas não eram autorizadas a abandonar a terra, mas diferentemente dos em servitude não eram permitidas de ficar com quase nada de sua própria produção.

Feudalismo: Um sistema político em que senhorias feudais menores ofereciam tributos e soldados a senhorias feudais mais poderosas em troca de proteção. No Feudalismo, trabalhadores (pessoas em servitude) não tinham permissão de deixar as terras de uma pessoa nobre e eram obrigados a pagar uma porção de sua produção à senhoria feudal em troca de "proteção".

Industrialização: Um método de organização da força de trabalho de muitos trabalhadores ao mesmo tempo para a produção capitalista. A industrialização permite aos capitalistas aumentar enormemente a produção de seus trabalhadores enquanto mantém os salários baixos. Fábricas são um exemplo típico de produção industrial.

Luta de Classes: O conflito entre aqueles que trabalham e aqueles que exploram o trabalho, um conflito que marxistas vêem como o processo dominante de muitos outros conflitos.

Meios de produção: Qualquer coisa usada para produzir coisas. Uma cozinha é um meio de produção culinária, uma fazenda é um meio de produção de comida, e uma lanchonete é um meio de produção de café e refeições.

Narrativa do processo: A visão marxista e muitas vezes animista que enxerga eventos e a história como resultado de processos ou forças em conflito. Não faz julgamento de valor sobre o passado ou o presente e, ao invés disso, vê tudo em um processo de constante "devir". Também é chamada de "materialismo histórico".

Narrativa do progresso: A narrativa capitalista dominante da história que vê o passado sempre como algo pior que o presente e afirma que a humanidade está sempre indo em direção a um futuro cada vez melhor.

Produção: O processo de criar coisas para uso. Isso inclui produtos que são vendidos e comprados e também serviços. Preparar uma refeição ou cortar o cabelo é produção, assim como montar um carro ou criar um aplicativo para smartphones é produção.

Salário: O preço que capitalistas pagam para comprar o trabalho de seus empregados e empregadas.

Senhoria feudal: "O termo senhoria ou senhorio descreve a organização da economia e da sociedade rurais da Europa Ocidental e Central num determinado período histórico, caracterizada pela atribuição de poderes legais e econômicos a um senhor, a partir do seu solar, que é mantido economicamente pelas suas terras e pelas contribuições obrigatórias de parcela do campesinato que lhe é legalmente sujeita (servidão) e sobre a qual tem jurisdição." (Wikipedia, Oct 2019)

Terras comunais: Terras e outros recursos que estavam disponíveis às pessoas mais pobres para sua própria sobrevivência e produção. Pasto, florestas para a caça e a coleta de madeira, rios e lagos para a pesca e fonte de água, e até costumes e sabedoria tradicionais são todas formas de terras comunais.

Trabalho: Atividade aplicada a algo para transformá-la em outra coisa que tem utilidade ou valor. Trabalho é o que é necessário para transformar capital em mais capital, e pode-se dizer que trabalho é uma força mágica que humanos aplicam ao mundo.

Trabalho morto: Também conhecido como "composição orgânica do trabalho", trabalho morto é o conceito que explica como toda riqueza é derivada do trabalho de pessoas. Esse "trabalho morto" torna-se capital, que o "trabalho vivo" transforma em mais capital, e o ciclo se repete.

Rhyd Wildermuth

Rhyd Wildermuth é escritor, teórico, poeta, druida e um cozinheiro bastante decente. Passou seus primeiros anos de vida em uma casa em ruínas, aquecida a carvão e com esgoto a céu aberto, no sopé dos Apalaches, com apenas árvores, estrelas, espíritos e livros para lhe dar esperança de um mundo melhor.

Agora é editor da Gods&Radicals Press, que ele ajudou a fundar. Vive na França, cultiva hortaliças, levanta pesos, cozinha para amigos e vaga por sítios pagãos antigos nas florestas e vilas próximas de sua casa. Seus escritos pessoais podem ser encontrados em paganarch.com, e seus outros livros em abeautifulresistance.org/rhyd-wildermuth.

Thiago Sá

Linguista apaixonado por etnologia, escritor apaixonado por biologia, feiticeiro apaixonado pelo materialismo histórico, editor amador apaixonado por origamis. É professor de português da rede municipal de Maricá e mestrando em antropologia no Museu Nacional/UFRJ. Seus poemas e pequenos contos podem ser encontrados em sa-thiago.tumblr.com

Vive entre Maricá, Rio de Janeiro e tudo o que não é daqui.

Mirna Wabi-Sabi

Mirna Wabi-Sabi é escritora, teórica política, professora e tradutora. É editora na Gods and Radicals, fundadora da revista A Inimiga Da Rainha e membro do coletivo de mídia Plataforma 9. Seu trabalho combatentemente orbita o Capitalismo, a Supremacia Branca e o Patriarcado, e suas propostas envolvem resistência ao Eurocentrismo e Imperialismo ocidental.

Gods&Radicals Press

Gods&Radicals Press é uma editora e portal anti-capitalista, sem fins lucrativos, fundada no Beltane de 2015. Publicamos trabalhos sobre paganismo, animismo, anarquismo e marxismo, com distribuição mundial.

Encontre outras publicações nossas em abeautifulresistance.org ou entre em contato através de distro@abeautifulresistance.com

www.ingramcontent.com/pod-product-compliance
Lightning Source LLC
Chambersburg PA
CBHW051025030426
42336CB00015B/2723

* 9 7 8 1 7 3 2 5 5 2 3 6 4 *